Monika Klatterbauer

Ulrich Schliewen

Kleine
Aquarien

Mit Fotos bekannter Tierfotografen
Zeichnungen: Johann Brandstetter

T Y P I S C H
KLEINE AQUARIEN

- **Das Becken faßt höchstens 60 Liter.**

- **Es kann genauso interessant sein wie ein großes Aquarium.**

- **Die Fischauswahl ist groß – von farbenprächtig bis skuril.**

- **Das Aquarium benötigt wenig Platz.**

- **Es ist kostengünstiger als ein großes Becken.**

- **Die Pflege ist jedoch etwas anspruchsvoller.**

- **Bis zu drei Fischarten können vergesellschaftet werden.**

- **Die Nachzucht mancher Arten ist möglich.**

Das 60-Liter-Becken ist die am meisten verkaufte Aquariengröße und hat so einen Stammplatz in der Aquaristik erobert. Viele kleinbleibende farbenprächtige Fische mit interessanten Verhaltensweisen können in kleinen Becken artgerecht gepflegt und manchmal sogar gezüchtet werden. Manche Zwerge und Spezialisten sollten sogar ausdrücklich in kleinen Becken gehalten werden, weil dort auf ihre Futteransprüche besser eingegangen werden kann als in

einem größeren Becken. Auch für den Einstieg in die Aquaristik eignet sich ein kleines Aquarium bestens. Sie müssen nur beachten, daß es aufgrund der geringeren Wassermenge anfälliger für Pflegefehler ist als ein großes. Das spielt aber keine Rolle, wenn Sie die richtige Fischauswahl treffen, wenig Fische einsetzen und maßvoll füttern sowie der regelmäßigen Pflege des Aquariums Ihre Aufmerksamkeit schenken.

ENTSCHEIDUNGSHILFEN

1 Viele Arten werden als kleine Jungfische im Zoofachhandel angeboten. Haben Sie sich bei der Auswahl auf kleinbleibende Arten beschränkt?

2 Ein kleines Aquarium bietet nur einen kleinen Lebensraum. Möchten Sie sich auf höchstens drei Arten beschränken oder lieber doch ein größeres Becken kaufen?

3 Eine geringe Wassermenge muß aufmerksam gepflegt werden. Können Sie diese Aufmerksamkeit aufbringen?

4 Manche Aquarienfische kommen nicht ohne Lebendfutter aus. Sind Sie bereit, den Mehraufwand für Fang, Zucht oder Kauf von Lebendfutter zu tragen?

5 Manche Fischarten lassen sich gut miteinander vergesellschaften, andere nicht. Haben Sie sich über die Vergesellschaftungsmöglichkeiten genau informiert?

6 Ist Ihre Auswahl der Fische auf die Wasserqualität abgestimmt oder ist es Ihnen möglich, die Wasserwerte zu ändern?

7 Kennen Sie jemanden, der Ihre Fische bei längerer Abwesenheit versorgt?

8 Falls Sie Fische züchten möchten: Haben Sie ein zweites Becken, um die Jungen großzuziehen?

Ein 60-Liter-Aquarium beinhaltet im Grunde noch weniger Wasser. Wenn Sie Kies, Dekoration und die Luft zwischen Aquarienoberkante und Wasseroberfläche abziehen, kommen Sie nur noch auf etwa 40 Liter. Der »Trick« für die erfolgreiche Pflege eines solchen Aquariums besteht in der richtigen Auswahl der Fische, die die beschränkten Lebensverhältnisse berücksichtigt. Wenige kleine Fische brauchen weniger Futter und machen weniger Schmutz. Deshalb wird auch ein kleines Aquarium mit schwachem Besatz gut funktionieren und Ihnen lange Freude bereiten.

Lassen Sie sich bei der Auswahl der Fische nicht nur von ihrem Erscheinungsbild anregen, sondern informieren Sie sich über die Platz- und Pflegeansprüche Ihrer Wunschfische so genau wie möglich. Besonders, wenn Sie die anspruchsvolleren Arten pflegen möchten, hilft es, sich alle wichtigen Pflegekomponenten aufzuschreiben: Wasserwerte für die Haltung, Futterbedürfnisse und Vergesellschaftungsmöglichkeiten. Überlegen Sie dann, wie und ob Sie diesen Ansprüchen gerecht werden können, bevor Sie die Fische kaufen. Vielleicht stellt sich eine Fischart als zu anspruchsvoll heraus, oder sie paßt nicht zu den bereits vorhandenen Fischen. Dann können Sie sich immer noch umentscheiden oder sich ein zweites kleines Aquarium kaufen, in dem Sie Ihrer Wunschart alles Wichtige bieten können.

ARTEN UND NATÜRLICHER LEBENSRAUM

Auch ein kleines Aquarium kann einen artgerech-ten Lebensraum für eine kleine Fischgemeinschaft bilden, wenn man die Maße des Beckens bei der Aus-wahl der Fische berücksichtigt. Viele der in Frage kom-menden Fische sind genauso bunt und interessant in ihren Verhaltensweisen wie größer werdende Arten.

Wissenswertes über die Herkunft kleiner Fische

Die wichtigste Voraussetzung für die artgerech-te Haltung von Aquarienfischen ist die Kenntnis der natürlichen Lebensräume Ihrer Aquarien-pfleglinge. Da sich die verschiedenen Fischarten oft über Jahrmillionen an ihre spezielle Umwelt angepaßt haben, sind sie nur in beschränktem Ausmaß in der Lage, sich an Aquarienbedingun-gen anzupassen. Viele Probleme, die bei der Pflege von Fischen auftreten, lösen sich daher von selbst, wenn man sich ihre Lebensverhält-nisse in der Natur vor Augen führt und diese in die Aquarienpraxis umsetzt.

Die Fische, die sich für kleine Aquarien eignen, gehören ganz verschiedenen Gruppen an. Was sie aber verbindet, ist ihre kleine Körpergröße, mit der sie in der Natur zum Teil Lebensräume erobern konnten, die großen Arten verschlossen blieben. Es gelingt ihnen leicht, in kleinräumi-gen Biotopen nach Nahrung zu suchen und sich dort vor starker Strömung und vor großen

Kleiner Waldbach in Südostasien – Biotop für Flossensauger, Barben und Bärblinge.

Raubfischen zu verstecken, deren leichte Beute sie im freien Wasser wären.

Im folgenden möchte ich Ihnen die wichtigsten natürlichen Lebensräume dieser kleinen Fische vorstellen, deren Bedingungen Sie im Aquarium oft ganz einfach imitieren können. In der Be-schreibung der einzelnen Fischarten (→ Seiten 14 bis 29) finden sie genauere Angaben über Herkunft und Biotop sowie Hinweise, welche Arten Sie gut miteinander vergesellschaften können (→ auch Seiten 30/31).

Verkrautete Stillwasserbereiche

Wenn es Wasserqualität und Lichtverhältnisse zulassen, wachsen in den meisten stillen Ge-wässerbereichen dichte Bestände zarter und feinfiedriger Wasserpflanzen. In größeren Ge-wässern wurzeln diese Pflanzen meist im Ufer-bereich. Kleine Tümpel, Gräben und Sümpfe sind manchmal vollständig mit Wasserpflanzen zugewachsen. Herrscht eine Wasserqualität, die kaum Pflanzenwuchs zuläßt (zum Beispiel sau-res, mineralarmes, dunkel gefärbtes Schwarz-wasser) bieten die ins Wasser hängenden Land-pflanzen den gleichen Lebensraum.

Was tut sich alles in solchen Biotopen? Schwarmfische wie verschiedene Salmlerarten

erbeuten kleine Futterpartikel aus dem vorbei-
fließenden Wasser und ziehen sich bei Gefahr
schnell wieder in ihr Versteck zurück. Eher ein-
zelgängerisch veranlagte Arten wie Süßwassernadeln kriechen langsam im Wasserpflanzenge-
strüpp umher auf der Suche nach Futtertier-
chen, die zwischen den feinfiedrigen Pflanzen
reichlich vorhanden sind. Mit einem Saugmaul
ausgestattete kleine Welse weiden an breit-
blättrigen Pflanzen Algen und die darauf sie-
delnden Kleintiere ab. Kampf- oder Fadenfische
bauen ihre Schaumnester unter der Oberfläche
sumpfiger, sauerstoffarmer Gewässer. Kleine
Panzerwelse oder die schlangenförmigen Dorn-
augen suchen im feinen, weichen Bodengrund,
der sich im Wurzelbereich der Pflanzen angela-
gert hat, nach Würmern und Insektenlarven.

Kleine Bäche

Sie weisen manchmal einen Wasserstand von
nur wenigen Zentimetern auf. Daher sind diese
meist klaren und kühlen
Gewässer fast nur kleinen
Fischarten vorbehalten.
Sie besiedeln dort nicht
nur Stillwasserbereiche,
sondern auch schneller
strömende Freiwasserzonen,
weil hier keine Ge-
fahr vor großen
Raubfischen
droht.

In diesen Lebensräumen flitzen direkt unter der
Wasseroberfläche kleine Schwarmfische wie
Zebrabärblinge und Leuchtaugenfische umher,
um in der Strömung die vom Uferbewuchs her-
untergefallenen Insekten zu erhaschen. Andere
Arten, wie viele Killifische, stehen ruhig in
direkter Ufernähe unter der Wasseroberfläche
und lauern dort im Schutz der ins Wasser ge-
fallenen Blätter Insekten auf. Nachtaktive
Fische finden im Schutz langer, wogender
Blätter auch in stark strömenden Bächen Stillwasserzonen, die ihnen tagsüber als Schlafplatz
dienen.

Der Bodengrund kleiner Bäche ist – je nach
Fließgeschwindigkeit des Wassers – mit Sand,
Kies oder Kieselsteinen bedeckt. Im Sand suchen Welse und Barben nach Nahrung, während beispielsweise die Wildform der beliebten
Platys auf den Kieselsteinen Algen zupft. Flossensauger nutzen ihre zu einer Saugglocke um-
geformten Flossen, um sich auch in starker
Strömung auf glatten Kieselsteinen vorzutasten
und aus dem Algenbewuchs mit dem Maul kleine Nahrungstiere herauszulesen. Zwergbuntbarsche und Harnischwelse untergraben Äste und
Bäumstämme, die auf dem Bodengrund auflie-
gen, um sich Versteckplätze und Ablaichhöhlen
zu schaffen. Killifische und viele Schwarmfische
legen ihre Eier ins verfilzte Wurzelgeflecht der
am Wasser stehenden Bäume.

Fische aus klaren, kleinen Urwaldbächen gehören zu den buntesten überhaupt, weil sie mit
ihren reflektierenden Leuchtfarben das wenige
Licht nutzen, das das Kronendach des Urwaldes
durchläßt. Damit sorgen sie wahrscheinlich für
den Schwarmzusammenhalt oder machen in
der Balz auf sich aufmerksam.

*Die Zwerg-Anubias eignet sich gut zur Be-
pflanzung von Wurzeln und Steinen.*

Flachwasserzonen größerer Bäche und Flüsse

Die Uferzonen größerer Fließgewässer bieten Lebensräume, in denen Kleinfische Schutz vor Freßfeinden, Bereiche mit geringer Strömung und einen reich gedeckten Tisch vorfinden. In Buchten, abgetrennten Flußarmen oder in Zonen, die in der Regenzeit überschwemmt sind, bedeckt vor allem im Urwald eine oft halbmeterdicke Fallaubschicht den Gewässergrund. Die zerfallenden Blätter bieten die Nahrungsgrundlage für viele Kleinlebewesen, auch weil sie die vorbeitreibenden Futterpartikel wie ein Netz einfangen. So mästen sich zum Beispiel kleine Salmler, wie die beliebten Neonfische, in der Regenzeit an diesem reichlichen Nahrungsan-

Die rötliche Färbung des Feuersalmlers zeigt sich am besten in torfgefiltertem Wasser.

gebot, schwärmen dabei über weite Gebiete aus und laichen noch im gleichen Jahr ab. Manche dieser Arten leben oft nur ein einziges Jahr, weil das Futterangebot während der Trockenzeit nicht mehr für alle Tiere ausreicht, und Fischräuber in den übervölkerten Restgewässern ein leichtes Spiel haben. Andere, oft mehrjährige Arten wie viele Zwergbuntbarsche, Killifische, Barben und Bärblinge besiedeln bevorzugt den Fallaubbereich kleinerer Flüsse und finden dort ganzjährig ähnliche Bedingungen vor wie im überschwemmten Urwald.

Schneckenfriedhöfe des Tanganjikasees

Einen ganz besonderen Lebensraum hat sich eine Gruppe kleiner Buntbarsche erobert, die im ostafrikanischen Tanganjikasee zuhause sind. Sie bewohnen dort leere Schneckenhäuser, die sich in großer Zahl in der ansonsten ungeschützten Sandzone ansammeln und sogenannte Schneckenfriedhöfe bilden. Ohne den Schutz der Schneckenhäuser würden die kleinen Fischchen in wenigen Minuten von Raubfischen gefressen werden. So können die Tiere im freien Wasser nach kleinen Planktonkrebsen schnappen und sich bei Gefahr in ihr Haus zurückziehen. Dort legen sie auch ihre Eier ab und ziehen ihre Jungen groß (→ auch Seite 56).

In pflanzenreichen Stillwasserzonen finden viele Zwergfischarten geeignete Lebensräume.

Brackwasserlagunen

Einige der Zwergfische stammen aus küstennahen Gewässern, die eine Verbindung zum Meer haben. Deswegen ist ihr Wasser auch leicht salzig. Da Salzgehalt und Wassertemperatur stark schwanken, sind Fische aus diesen Gewässern oft sehr anpassungsfähig. Sie vertragen nur kein saures, weiches Wasser.
Brackwasserlagunen ähneln den Stillwasserbereichen größerer Flüsse oder pflanzenreichen Stillwasserzonen, nur daß dort salztolerante Wasser- oder Sumpfpflanzen wachsen.

Die Rolle der Jahreszeiten in den natürlichen Lebensräumen

Der Lebensraum fast aller Aquarienfische, die aus den Tropen stammen, ist von den Jahreszeiten geprägt. Diese lassen sich nicht wie in Mitteleuropa in Frühling, Sommer, Herbst und Winter aufteilen, sondern teilen das Jahr in Trocken- und Regenzeiten. Fast alle Umweltfaktoren wie Wassertemperatur, Strömung und Wasserwerte verändern sich im Laufe der tropischen Jahreszeiten. In der Regenzeit schwellen viele Bäche an, ähnlich wie bei uns im Frühjahr nach der Schneeschmelze. Heftige Regengüsse sorgen für kühleres Wasser und Sauerstoffanreicherung, während Salzgehalt und Säurewert sinken. Obwohl die Schwankung dieser Faktoren auch für die artgerechte Pflege im Aquarium wichtig sein kann, werden die tropischen Jahreszeiten bei der Aquarienpflege meistens unterschlagen. Es ist aber wissenschaftlich erwiesen, daß Vitalität und Fortpflanzungsbereitschaft vieler Aquarienfische steigen, wenn man einmal im Jahr – am besten im Winter – die Wassertemperatur für einige Wochen absenkt und während dieser Zeit besonders häufig einen Wasserwechsel mit 2 bis 3 Grad kühlerem Wasser vornimmt.

Welche Fische eignen sich für ein kleines Aquarium?

Das ökologische Gleichgewicht in einem kleinen Aquarium (bis 60 Liter Beckeninhalt) reagiert empfindlicher auf die Anhäufung von Stoffwechselprodukten und übriggebliebenem Futter als das eines großen Beckens. Große Fische belasten das Wasser schneller, da sie einen stärkeren Stoffwechsel haben. Deshalb können von den mehreren hundert Fischarten, die im Zoofachhandel angeboten werden, nur solche in einem kleinen Aquarium artgerecht gepflegt werden, die verhältnismäßig klein bleiben und

---

T I P

Achtung: Tierquälerei!

Jungfische großwerdender Arten werden häufig für kleine Aquarien verkauft, weil sie in kleinen Becken angeblich auch klein bleiben. Dies stimmt sogar manchmal, aber nur weil sie dort nicht artgerecht gepflegt werden können. Dazu gehören:

✔ Feuerschwanz (*Epalzeorhynchus bicolor*)
✔ Haibarbe (*Balantiocheilus melanopterus*)
✔ Sumatrabarbe (*Puntius tetrazona*)
✔ Schwertträger (*Xiphophorus helleri*)
✔ Schilderwels (*Glyptoperichthys spec.*)
✔ Engelswels (*Pimelodus pictus*)
✔ Haiwels (*Pangasius spec.*)
✔ Minihai (*Ariidae spec.*)
✔ Prachtschmerle (*Botia macracanthus*)
✔ Küssender Gurami (*Helostoma temminckii*)
✔ Mosaikfadenfisch (*Trichogaster leeri*)
✔ Blauer Fadenfisch (*T. trichopterus*)
✔ Skalar (*Pterophyllum scalare*)
✔ Diskus (*Symphysodon aequifasciatus*)
✔ Elefantenfisch (*Gnathonemus petersii*)
✔ Süßwasserrochen (*Potamotrygon spec.*)

---

geringe Revieransprüche haben. Außerdem zeigen unter den beengten Lebensbedingungen, die in einem kleinen Aquarium herrschen (Standardmaße: 60 x 30 x 33 cm), nur kleine Fische ihr natürliches Verhalten und bleiben auf Dauer gesund. Es gibt sogar einige besonders klein bleibende Arten und Futterspezialisten, die man nur in kleinen Becken halten sollte, weil ihre Fütterung sonst nicht gezielt möglich wäre. Auf den folgenden Seiten möchte ich Ihnen Fischarten vorstellen, die Sie in kleinen Becken art- und biotopgerecht pflegen können.

Freiwasserfische

Die meisten Fische, die sich im freien Wasserbereich des Aquariums aufhalten, sind sehr farbenprächtig, schwimmen lebhaft im Becken umher und lassen sich gut in schön bepflanzten Aquarien halten.

Allgemeine Pflegehinweise: Da diese Fische sehr schwimmfreudig, schutzbedürftig und gesellig sind, sollte das Becken teilweise dicht bepflanzt sein, aber auch genügend freien Schwimmraum aufweisen. Am besten halten Sie immer mindestens fünf bis sechs Tiere einer Art.

Beleuchtung: Die lichtreflektierenden Leuchtfarben vieler Regenwald-Arten kommen erst in einer dunklen Atmosphäre zur Geltung, die man durch dunklen Bodengrund (Lavasand, Torf, trockene Buchenblätter) und durch Schwimmpflanzen schaffen kann. Die größeren Bärblinge und die meisten Lebendgebärenden Zahnkarpfen mögen hellbeleuchtete Becken.

Wasser: Die meisten Salmler, Barben, Bärblinge und Leuchtaugen bevorzugen weiches, leicht saures Wasser. Die meisten Lebendgebärenden Zahnkarpfen mögen dagegen härteres, leicht alkalisches Wasser und kümmern bei sauren pH-Werten (→ Tabellen, Seiten 18 und 21).

Futter: Die meisten Arten fressen gerne kleines Lebend- und Gefrierfutter, aber auch Trockenfutter, am ehesten als feines Granulat. Pflanzliche Zukost in Form von speziellem Trockenfutter oder überbrühten Salatblättern wird auch von vielen gerne genommen und verhindert, daß die Fische sich an den feinen Trieben der Pflanzen vergreifen. Besonders wichtig ist pflanzliches Futter für Lebendgebärende Zahnkarpfen und Barben.

Hinweis: Die lateinischen Namen aller im Text genannten Fische finden Sie in den Tabellen (→ Seite 18, 21, 29). Bei Fischen, die dort nicht aufgeführt sind, stehen sie in Klammern dabei.

Salmler

Neonfische leben in lockeren Schwärmen in mineralarmen, sauren Gewässern im Nordwesten Amazoniens. Der Neonfisch ist robuster als der Rote Neon und auch mit weniger weichem und saurem Wasser zufrieden. Viele *Hemigrammus*-Arten wie der Glühlichtsalmler ähneln in ihren Ansprüchen den echten Neonfischen.

Schmucksalmler, Schwarzer Phantomsalmler und Kaisersalmler sind robuster gebaut. Die Männchen bilden zeitweise kleine Reviere und können einzeln gehalten zu Störenfrieden werden. Am besten zwei Männchen zusammen mit drei bis vier Weibchen halten.

Der Marmorbeilbauch *(Carnegiella strigata)* lebt direkt unter der Wasseroberfläche. Im Aquarium gedeiht er optimal bei der Fütterung mit Schwarzen Mückenlarven und Insekten. Wegen der Springfreudigkeit das Becken mit einer Abdeckscheibe gut abdichten.

Der Spritzsalmler gehört zu den wenigen Salmlern, die Brutpflege betreiben. Sie können dieses Verhalten beobachten, wenn Sie zwischen Abdeckscheibe und Wasseroberfläche etwa 5 cm Platz lassen (→ Fotos, Seite 55).

Die Wüstengrundel verträgt zeitweise auch kühlere Wassertemperaturen.

Der Rote Neon (Paracheirodon axelrodi) wird millionenfach aus Amazonien exportiert.

Weitere kleine <u>Salmler-Arten</u> für 60-Liter-Becken: Wasserstiglitz (*Pristella maxillaris*), Roter Phantomsalmler (*Megalomphodus sweglesi*), Schlußlichtsalmler (*Hemigrammus ocellifer*), Blutsalmler (*Hyphessobrycon eques*), Königssalmler (*Inpaichthys kerri*), Schwarzer Neon (*Hyphessobrycon herbertaxelrodi*), Grüner Neon (*Hemigrammus hyanuary*), Kupfersalmler (*Hemigrammus nanus*), Goldtetra (*Hemigrammus rodwayi*).

Wenn Sie diese Arten in weichem Wasser bei Temperaturen um 24 °C pflegen und die allgemeinen Pflegehinweise beachten, können Sie im Grunde nichts verkehrt machen. Der Rote von Rio (*Hyphessobrycon flammeus*) verträgt auch härteres und etwas kühleres Wasser.

Lebendgebärende Zahnkarpfen

<u>Guppy und Platy</u> sind leicht zu pflegen und vermehren sich auch im Gesellschaftsbecken (→ Tips zur Zucht, Seite 58). Leider werden fast nur Zuchtformen angeboten, obwohl vor allem die Wildguppies sehr farbenfroh und leichter zu vergesellschaften sind als zum Beispiel die schleierflossigen Triangel-Guppies, die oft unter der besser schwimmenden Gesellschaft leiden. Beide Arten nehmen Trockenfutter, steigern jedoch Farbenpracht und Vitalität bei der Gabe von Kleinkrebsen und Pflanzenkost.

IM PORTRÄT:
FREIWASSERFISCHE

Freiwasserfische sind ein Blickfang in jedem Aquarium. Mit ihrer munteren Schwimmweise und den bunten Farben fallen sie sofort ins Auge. Beliebte Arten finden Sie auf dieser Seite.

Foto oben: Zebrabärblinge sind extrem schwimmfreudig und können gut in Rennbecken gehalten werden.

Foto oben: Hengels Keilfleckbärbling ist etwas anspruchsvoller.

Foto unten: Der Kardinalfisch ist ein robuster Gruppenfisch, der nicht zu warm gehalten werden darf.

Foto oben: Die zarten Leuchtfarben der Glühlichtsalmler kommen nur in dunkel gehaltenen Becken zur Geltung.

Foto links: Fünfgürtelbarben bleiben kleiner und sind zurückhaltender als die häufig gehaltenen Sumatrabarben.

Foto unten: Die Bitterlingsbarbe ist eine der wenigen zarten Barbenarten, die auch für kleine Aquarien geeignet ist.

Foto links Mitte: Werners Regenbogenfisch glänzt mit prachtvollen Flossen.

Foto links unten: Bei den Kaisersalmlern bilden die Männchen kleine Balzreviere.

Foto unten: Guppy-Zuchtformen haben oft unnatürlich vergrößerte Flossen.

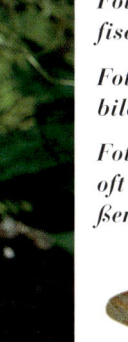

Freiwasserfische   M = Männchen   W = Weibchen   *Wassertyp → S. 39

Art	Größe (ca.)	Wassertyp*	Temperatur	Anzahl	Foto, Seite
Roter Neon, *Paracheirodon axelrodi*	4,5 cm	1 bis 3	23 bis 27° C	15	15
Neonfisch, *Paracheirodon innesi*	4 cm	1 bis 5	20 bis 24° C	16	38
Glühlichtsalmler, *Hemigrammus erythrozonus*	4 cm	1 bis 5	23 bis 26° C	10	16
Schmucksalmler, *Hyphessobrycon rosaceus*	4,5 cm	2 bis 5	23 bis 27° C	3 M / 5 W	19
Schwarzer Phantomsalmler, *Megal. megalopterus*	4,5 cm	2 bis 5	23 bis 28° C	3 M / 5 W	48
Kaisersalmler, *Nematobrycon palmeri*	5 cm	2 bis 5	23 bis 26° C	2 M / 5 W	17
Spritzsalmler, *Copella arnoldi*	7 cm	2 bis 5	24 bis 29° C	1 M / 3 W	55
Fünfgürtelbarbe, *Puntius pentazona*	4,5 cm	1 bis 3	26 bis 29° C	7	17
Bitterlingsbarbe, *Puntius titteya*	5 cm	2 bis 4	23 bis 27° C	2 M / 6 W	17
Keilfleckbärbling, *Rasbora hengeli/heteromorpha*	3,5 /4,5 cm	1 bis 3 / 2 bis 5	25 bis 28° C / 23 bis 28° C	12	16
Kardinalfisch, *Tanichthys albonubes*	4 cm	2 bis 6	18 bis 22° C	12	16
Zebrabärbling, *Danio rerio*	5 cm	2 bis 6	24 bis 27° C	10	16, 55
Guppy, *Poecilia reticulata*	6 cm	2 bis 5	24 bis 30° C	2 M / 5 W	1
Platy, *Xiphophorus maculatus*	5 cm	5 bis 6	22 bis 25° C	2 M / 5 W	36
Werners Regenbogenfisch, *Iriatherina werneri*	5 cm	2 bis 6	25 bis 27° C	3 M / 5 W	17

Barben und Bärblinge

Sie besiedeln fast alle Gewässertypen und leben im unteren Freiwasserbereich. Die meisten Barben-Arten werden für ein 60-Liter-Becken zu groß. Das gilt auch für die am häufigsten verkaufte Sumatrabarbe (*Puntius tetrazona*). Folgende Arten sind für kleine Becken geeignet: <u>Zebrabärbling, Schillerbärbling (*Danio albolineatus*) und Kardinalfisch.</u> Aufgrund ihrer guten Anpassungsfähigkeit gehören sie zu den robustesten Aquarienfischen. Sie leben in klaren, kühlen, schnellfließenden Bächen des Hügellandes Südasiens und sind schnelle Schwimmer.

Bärblinge und Kardinalfisch sollten jeweils zu mindestens 10 Tieren gehalten werden. Barben begnügen sich auch mit kleineren Gruppen, aus denen sich einzelne revierbildende Männchen zur Balz absondern können. <u>Fünfgürtelbarbe und Bitterlingsbarbe</u> stammen aus mineralarmen, sauren Urwaldgewässern und stellen etwas höhere Ansprüche an die Wasserqualität (→ Tabelle, linke Seite). <u>Keilfleckbärblinge</u> (*Rasbora*) besiedeln in Schwärmen die mittleren Wasserschichten.

Werners Regenbogenfisch

Diese Art ist die einzige häufig angebotene Regenbogenfisch-Art, die sich gut in locker bepflanzten Becken pflegen läßt. Sie darf nur mit zarten, kleinen und ruhigen Fischen vergesellschaftet werden, weil sie sonst unter Streß gerät. Bieten Sie mehrmals täglich kleines Lebendfutter wie Hüpferlinge und Artemia an, auch wenn sich die Tiere mit Trockenfutter begnügen.

Der lebhafte Schmucksalmler besiedelt vor allem den unteren Freiwasserbereich.

Boden-, Oberflächen- und Revierfische

Mit Freiwasserfischen lassen sich weitere Arten vergesellschaften, die sich auf bestimmte Beckenbereiche konzentrieren. Dazu gehören Fische, die sich meist in Boden- oder Oberflächennähe aufhalten sowie Revierfische. <u>Allgemeine Pflegehinweise:</u> Revierbildende Fische brauchen einen Bereich, den sie gegenüber den Freiwasserfischen abgrenzen können (→ Praxis Einrichtung, Seiten 34/35). Aber auch die meisten Bodenbewohner fühlen sich nur wohl, wenn sie sich in Unterstände oder Pflanzendickichte zurückziehen können. Dicht unter der Oberfläche lebende Arten schätzen Zonen, die mit Schwimmpflanzen abgedeckt sind.

Zwergbuntbarsche

Nicht alle Zwergbuntbarsche lassen sich in kleinen Becken halten. Dazu eignen sich nur besonders kleine Arten, die einen geringen Platzbedarf beanspruchen. Trotzdem sollte man sie in Becken pflegen, die eine möglichst große Grundfläche besitzen, dafür aber flach sind (→ TIP, Seite 52). Bis auf den Schmetterlingsbuntbarsch brauchen alle mindestens ein Versteck (→ Praxis Einrichtung, Seite 35). Zwergbuntbarsche nehmen feines Frost- und Lebendfutter, aber auch Kunstfutter.

Marmorbeilbäuche springen gerne über den Rand. Das Becken sollte gut abgedeckt sein.

<u>Südamerikanische Arten</u> (Schmetterlingsbuntbarsch, Gelber Zwergbuntbarsch) fühlen sich in gut bepflanzten Becken wohl, die mit weichem bis mittelhartem Wasser gefüllt sind. Sie leben als Paar, das in einer Höhle oder auf einem Kieselstein ablaicht und die Brut mehrere Wochen lang pflegt.
<u>Der Genetzte Prachtbuntbarsch</u> (*Pelvicachromis taeniatus*) hat vergleichbare Pflegeansprüche.
<u>Schneckenbuntbarsche</u> (*Lamprologus brevis* und *L. multifasciatus*) bevorzugen mindestens mittelhartes, alkalisches Wasser. Im Aquarium brauchen sie Sandboden und Schneckenhäuser (→ auch Seite 56).

Labyrinthfische

Sie bilden in der Fortpflanzungszeit Reviere aus, die sie unter der Wasseroberfläche oder unter einem Pflanzenblatt anlegen. Dort bauen sie Schaumnester aus umspeichelten Luftblasen, in die sie ihre Eier legen.
<u>Der Kampffisch</u> *Betta splendens* gehört zum Standardsortiment des Zoofachhandels. Manche Individuen sind jedoch extrem aggressiv.
<u>Der Friedliche Kampffisch</u> *Betta imbellis* ist für die Vergesellschaftung geeigneter. In der Natur ernährt er sich von Insektenlarven, die er im flachen Uferbereich sumpfiger Gewässer findet.
<u>Der Zwergfadenfisch und der Honigfadenfisch</u> fressen sowohl pflanzliche als auch tierische Nahrung und leben in offenen Sumpflandschaften. Sie eignen sich für die paarweise Haltung, wenn durch Pflanzen Rückzugsmöglichkeiten für die Weibchen vorhanden sind.

Killifische

Die meisten Killifische besiedeln kleine Gewässer (kleinste Regenwaldbäche, größere Pfützen). Viele Arten sind sehr anspruchsvoll an Wasserqualität, Fütterung und Vergesellschaftung und eignen sich daher nur bedingt für durchschnittliche Gesellschaftsbecken.
<u>Der Querbandhechtling</u> ist eine der wenigen robusteren Arten, die sich auch gut vergesellschaften lassen. Er hält sich direkt unter der Wasseroberfläche auf.
Aphyosemion-Prachtkärpflinge besiedeln den Bodenbereich, z.B. Gestreifter Prachtkärpfling, Kap Lopez und Aquarienformen von Gardners Prachtkärpfling (*Aphyosemion gardneri*). Sie fressen neben Frost- und Lebendfutter auch Trockenfutter und mögen leicht saures Wasser. Ihre Eier legen sie an Pflanzen oder in weichem Bodengrund ab. Am besten halten Sie mehrere Paare mit ruhigen Boden- oder Schwarmfischen in bepflanzten, dunklen Becken.

Boden-, Oberflächen-, Revierfische M = Männchen W = Weibchen *Wassertyp → S. 39

Art	Größe (ca.)	Wassertyp*	Temperatur	Anzahl	Foto, Seite
Schmetterlingsbuntbarsch, *Mikrogeophagus ramirezi*	6 cm	1 bis 3	27 bis 30° C	1 M / 1 W	23
Gelber Zwergbuntbarsch, *Apistogramma borellii*	6 cm	2 bis 5	24 bis 26° C	1 M / 1 W	22
Brevis-Schneckenbunt-barsch, *Lamprologus brevis*	6 cm	5 bis 6	25 bis 27° C	1 M / 1 W	23, 54, 61
Gestreift. Schneckenbunt-barsch, *L. multifasciatus*	5 cm	5 bis 6	25 bis 27° C	1 M / 3 W	54, 56
Friedlicher Kampffisch, *Betta imbellis*	5 cm	2 bis 5	26 bis 28° C	2 M / 2 W	54
Zwergfadenfisch, *Colisa lalia*	6 cm	2 bis 6	24 bis 28° C	1 M / 1 W	25, 55
Honigfadenfisch, *Colisa chuna*	5 cm	2 bis 6	22 bis 28° C	1 M / 1 W	23
Querbandhechtling, *Epiplatys dageti*	6 cm	2 bis 5	22 bis 26° C	1 M / 3 W	6/7
Gestr. Prachtkärpfling, *Aphyosemion striatum*	5 cm	2 bis 5	21 bis 23° C	3 M / 3 W	4/5
Kap Lopez, *Aphyosemion australe*	5 cm	2 bis 4	21 bis 24° C	3 M / 3 W	22
Panda-Panzerwels, *Corydoras panda*	5 cm	2 bis 6	23 bis 24° C	3 M / 2 W	22, U4
Ohrgitterharnischwels, *Otocinclus cf. affinis*	4 cm	2 bis 6	22 bis 26° C	6	37
Hexenwels, *Rineloricaria cf. lanceolata*	13 cm	2 bis 5	24 bis 28° C	3 M / 3 W	23
Gestreifte Dornaugen, *Pangio spec.*	8 cm	1 bis 5	26 bis 30° C	5	23
Pastellgrundel, *Tateurndina ocellicauda*	5 cm	2 bis 5	26 bis 29° C	2 M / 2 W	22, 57

IM PORTRÄT:
BODEN-, OBERFLÄCHEN-, REVIERFISCHE

Kleine Boden-, Oberflächen- und Revierfische sind auch in kleinen Becken gut mit Freiwasserfischen zu vergesellschaften, da sie sich in Beckenbereichen aufhalten, die sich kaum mit denen der Freiwasserfische überschneiden.

Foto oben: Der Kap Lopez gehört zu den etwas anspruchsvolleren Killifischen.

Foto rechts oben: Gelber Zwergbuntbarsch.

Foto rechts: Pastellgrundel.

Foto links: Panda-Panzerwelse helfen Futterreste zu verwerten, sollten aber trotzdem noch gezielt gefüttert werden.

Foto links: Das Honigfadenfisch-Männchen baut Schaumnester unter der Wasseroberfläche.

Foto rechts: Brevis-Schnecken-buntbarsche leben paarweise in Schneckenhäusern.

Foto oben: Hexen-welse legen ihre Eier in Höhlen ab, die dann von den Männchen bewacht werden.

Foto unten: Dorn-augen zeigen sich meist nur zu Fütte-rungszeiten.

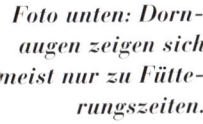

Foto unten: Der Schmetterlingsbuntbarsch fühlt sich in weichem, leicht saurem Wasser wohl.

Panzerwelse

Panda-Panzerwels und Leopardpanzerwels (*Corydoras trilineatus*) passen aufgrund ihrer kleinen Größe gut in 60-Liter-Becken.

Wegen ihres possierlichen Aussehens sind Panzerwelse die beliebtesten Bodenfische für Gesellschaftsaquarien. In einem kleinen Trupp von etwa fünf Tieren sind sie nicht nur hübsch anzusehen, sondern auch nützlich, da sie übriggebliebenes Futter verzehren und so dafür sorgen, daß das Wasser nicht belastet wird. Zusätzlich müssen sie aber noch Futtertabletten oder feines Frostfutter erhalten.

Im Becken sollte ein Bereich mit feinem Bodengrund vorhanden sein, in dem die Fische gründeln können. Lockere Bepflanzung und Wurzeln schaffen Ruheplätze. Die Weibchen legen besonders nach dem Wasserwechsel ihre Eier an Wasserpflanzen oder an der Aquarienscheibe ab. Sie betreiben keine Brutpflege.

Harnischwelse

Otocinclus-Welse fühlen sich in reichlich bepflanzten Becken wohl. Sie sind gute Algenfresser und passen aufgrund ihrer kleinen Größe besser in ein kleines Becken als die zur Algenvernichtung häufig verkauften *Ancistrus*-Harnischwelse. In der Natur sind *Otocinclus*-Welse vor allem an langblättrigen Wasserpflanzen oder in der Ufervegetation von Bächen und Flüssen zu finden. Sie betreiben keine Brutpflege und brauchen außer einer üppigen Bepflanzung keine besonderen Verstecke.

Hexenwelse aus der Gattung *Rineloricaria* mögen ebenfalls pflanzenreiche Aquarien. Die Männchen, die sich durch ihren Backenbart von den Weibchen unterscheiden, pflegen ihr Gelege in röhrenförmigen Verstecken, zum Beispiel in Bambusröhren.

Beide Arten nehmen gerne feines Frostfutter und ballaststoffreiche Futtertabletten an.

Dornaugen

In der Natur leben Dornaugen (*Pangio*-Arten) versteckt und gesellig in Pflanzenpolstern oder zwischen Laub. Auch im Aquarium sind die nachtaktiven Tiere oft schwierig zu finden, manchmal sieht man sie nur während der Fütterung hektisch umherschwimmen. Die verschiedenen Arten sind nicht leicht zu unterscheiden, eignen sich aber trotz der unterschiedlichen Größen alle für dicht bepflanzte 60-Liter-Becken. Füttern Sie am besten kleines Frost-, Wurm- und Trockenfutter. Kaufen Sie keine Einzeltiere und decken Sie die Aquarien gut ab, weil die Fische durch kleinste Lücken entweichen können.

Grundeln

Nur wenige Grundeln haben das Süßwasser erobert, viele leben in der Übergangszone, dem sogenannten Brackwasser (Wasser mit leichtem Salzgehalt, → auch Seite 12).

Die Pastellgrundel ist ein hübscher, zurückhaltender Fisch, der im Gegensatz zu den meisten anderen Grundelarten in den pflanzenreichen Weichwasserbächen Neuguineas vorkommt. Wie Killifische kommt auch die Pastellgrundel nur bei vorsichtiger Vergesellschaftung mit zarten Schwarm- und Oberflächenfischen in dicht bepflanzten Becken zur Geltung.

Wenn Sie mehrere der gelbbäuchigen Weibchen zusammen mit ein bis zwei Männchen pflegen und ihnen kleine röhrenartige Verstecke anbieten, legen diese Fische auch im Aquarium Eier, die von den Männchen alleine betreut werden. Sie fressen kleines Lebend-, Trocken- und Frostfutter.

Die Wüstengrundel (*Chlamydogobius eremius*) ist etwa gleichgroß, aber etwas robuster. Sie braucht härteres und alkalisches Wasser und gräbt gerne Höhlen auf Sand unter Steinen aus, in die sie ihre Eier ablegt.

Zwerge und Spezialisten

Hierzu zählen Arten, die wegen ihrer Zartheit oder speziellen Lebensweise nur zusammen mit anderen Zwergarten gehalten werden sollten. Einer Futterkonkurrenz durch größere Arten wären sie außerdem nicht gewachsen. Einige dürfen sogar überhaupt nicht vergesellschaftet werden.

Allgemeine Pflegehinweise: Zwerge und Spezialisten können in Ausnahmefällen in kleinen Becken ab 50 cm Länge gepflegt werden (Ausnahme Flossensauger). Damit nicht zuviel Wasservolumen verloren wird, sollten Sie nur eine etwa 1 cm dicke Sand- oder Kiesschicht ohne verwurzelte Pflanzen einbringen. Fast alle Arten benötigen mehrmals täglich feines Lebendfutter (→ Praxis Ernährung, Seite 46).

Prächtige Wildform des Zwergfadenfisches, der in vielen Zuchtformen angeboten wird.

Zwergarten des Freiwasserbereichs

Zu den Salmlern und Bärblingen gehören der Rosensalmler, der Feuersalmler (*Hyphesso-brycon amandae*), der Zwergbärbling und der Moskito-Bärbling (*Boraras urophthalma*).

Der Zwergziersalmler bildet eine Ausnahme unter den Salmlern aufgrund seiner bedächtigen Schwimmweise und ausgeprägten Territorialität. Sein Schwarmverhalten ist wenig ausgeprägt, er lebt in lockeren Verbänden.

Blauaugen (*Pseudomugil*-Arten) und afrikanische Leuchtaugenfische aus der Gattung *Aplocheilichthys* sind weitere Zwergarten.

(Bitte lesen Sie auf Seite 28 weiter.)

IM PORTRÄT:
ZWERGE, SPEZIALISTEN

Kleine Aquarien eignen sich gut zur Pflege und Zucht von Zwergarten oder Fischen, deren Futteransprüche in großen Becken nur schwierig zu befriedigen sind. Darunter sind oft besonders bunte oder interessante Arten wie auf dieser Seite.

Foto oben: Zwergbärblinge fühlen sich in dicht bepflanzten Becken wohl.

Foto oben: Zwergziersalmler können mit ihren kleinen Mäulern nur kleines Futter fressen.

Foto oben: Die Männchen der Ringelhechtlinge stellen ihre prächtigen Farben zur Schau.

Foto unten: Blauaugenmännchen imponieren mit weit gespreizten Flossen voreinander.

Foto oben: Der Elegante Zwergkärpfling bleibt noch kleiner als der gewöhnliche.

Foto oben: Diese Zwergkugelfisch-Art mit
unscharfen Flecken knabbert keine Flossen an.

Foto oben: Zwergschwarzbarsche müssen
~~k~~ühl überwintern, damit sie im Frühjahr in
~~he~~rrlichen Leuchtfarben balzen.

Foto oben: Das Gefleckte Blauauge (Pseudomugil
gertrudae) ist etwas zarter als P. tenellus.

Foto unten: Westafrikanische Süßwassernadeln gehören zu den interessantesten
Fischen, sollten aber unter
sich bleiben.

~~Fo~~to oben: Zwergkärpflinge
~~ve~~rmehren sich lebendge-
~~bä~~rend.

Alle genannten Arten ähneln in ihrem Verhalten und in ihren Pflegeansprüchen ihren größeren Verwandten.

Eleganter Zwergkärpfling und Zwergkärpfling (*Heterandria formosa*) sind ebenfalls sehr klein, lebendgebärend und anspruchsloser in der Vergesellschaftung.

Hinweis: Auch in größeren Aquarien bitte nur eine einzige Freiwasser-Zwergart halten und nur mit winzigen Boden- oder Oberflächenfischen vergesellschaften.

Verschiedene andere Arten

Zwergpanzerwelse werden in eine bodenlebende und eine freischwimmende Gruppe eingeteilt. Zu den Bodenlebenden gehört der Schachbrettzwergpanzerwels (*Corydoras habrosus*). Zu den Freischwimmenden zählt der Sichelfleck-Panzerwels und der Zwergpanzerwels (*C. pygmaeus*). Alle gedeihen mit Futtertabletten, Wurmfutter und gefrorenen Kleinkrebsen.

Flossensauger, die das stark strömende Wasser bewohnen, kümmern in Gesellschaft anderer Fische, weil sie kaum ans Futter kommen. Man pflegt sie in einem Becken, das einige größere, kalkfreie Kieselsteine enthält (→ Foto Seite 52). Ihre Ernährung mit haftenden Futtertabletten und verschiedenem Frostfutter ist problemlos.

Kleine Grundeln füttert man mit Lebendfutter. Die Männchen verteidigen Brutreviere und brauchen dazu kleine Verstecke. Die Weißkehlgrundel bevorzugt kühles Wasser. Die Goldringelgrundel dagegen ist wärmeliebend und gedeiht am besten in Brackwasser (→ Wassertyp 7, Seite 39).

Süßwassernadeln in Balzfärbung gehören zu den buntesten Fischen. Sie fressen nur Lebendfutter wie Salinenkrebse, kleine Mückenlarven und Wurmfutter. Man kann sie gut in Gruppen halten und dann auch zur Fortpflanzung bringen. Das Brutpflegeverhalten ist besonders interessant (→ Seite 53). Sie dürfen auf keinen Fall vergesellschaftet werden, weil sie sonst verhungern.

Der Zwergringelhechtling ist ein oberflächenbewohnender Killifisch, der weiches Wasser benötigt. Neben Lebendfutter wie kleinen Mückenlarven nimmt er auch Trockenfutter an.

Zwergkugelfische (*Carinotetraodon*) fressen nur Lebendfutter. Zwei Mini-Arten werden häufig angeboten, die sich in ihrem Zeichnungsmuster unterscheiden. Ich empfehle Ihnen die Art, deren Seitenflecken nicht scharf umrandet ist, weil sie weniger aggressiv und auch zu mehreren in kleinen Becken zu pflegen ist (→ Foto, Seite 27). Achtung: Die andere Art ist ein Flossenfresser.

Knurrende Zwergguramis gehören zu den Labyrinthfischen. Bei der Balz geben sie deutliche Laute von sich. In Pflege und Verhalten ähneln sie dem Friedlichen Kampffisch, stellen aber weniger Ansprüche an die Wasserwerte.

Zwergschwarzbarsche sind Kaltwasserfische, die am besten für sich in einem dichtbepflanzten, unbeheizten Aquarium gehalten werden. Im Winter sollte die Wassertemperatur stark absinken. Nur dann balzen sie im Frühjahr in den schönsten Farben. Sie fressen nur Lebendfutter.

Die Weißkehlgrundel imponiert mit geblähten Kiemen und aufgerissenem Maul.

Zwerge und Spezialisten   M = Männchen   W = Weibchen   *Wassertyp → S. 39

Art	Größe (ca.)	Wassertyp*	Temperatur	Anzahl	Foto, Seite
Rosensalmler, *Hyphesso-brycon roseus*	3 cm	2 bis 5	24 bis 26° C	12	53
Zwergbärbling, *Boraras maculata*	2,5 cm	1 bis 3	25 bis 29° C	15	26
Zwergblauauge, *Pseudomugil tenellus*	3,5 cm	3 bis 6	25 bis 30° C	15	26
Zwergleuchtauge, *Aploch. luxophthalmus*	4 cm	2 bis 5	25 bis 28° C	15	42 (*Aploch. normani*)
Eleganter Zwergkärpf-ling, *Neoheterandria elegans*	3,5 cm	2 bis 6	22 bis 26° C	5 M / 10 W	26
Zwergziersalmler, *Nannostomus marginatus*	3,5 cm	2 bis 3	23 bis 25° C	3 M / 6 W	27
Sichelfleck-Zwergpanzer-wels, *Corydoras hastatus*	3 cm	2 bis 6	25 bis 28° C	12	59
Flossensauger, *Gastromyzon spec.*	6 cm	2 bis 5	22 bis 24° C	5	9
Weißkehlgrundel, *Rhinogobius wui*	5 cm	4 bis 6	18 bis 24° C	2 m / 5 W	27
Goldringelgrundel, *Brachygobius doriae*	3,5 cm	5 bis 7	27 bis 30° C	5 M / 5 W	2/3
Zwergsüßwassernadel, *Enneacanthus ansorgii*	12 cm	5 bis 7	24 bis 28° C	5 m / 5 W	27
Zwergringelhechtling, *Pseudepiplatys annulatus*	4 cm	2 bis 3	25 bis 27° C	3 M / 6 W	26
Gelber Zwergkugelfisch, *Carinot. cf. travancorius*	4 cm	5 bis 7	22 bis 24° C	3 M / 3 W	27
Knurrender Zwerggurami, *Trichopsis pumila*	4 cm	2 bis 6	23 bis 27° C	2 M /2 W	55
Zwergschwarzbarsch *Elasomma evergladei*	3,5 cm	2 bis 6	Winter 12° C Som.18–22° C	3 M / 6 W	27

Wer paßt zu wem? Fische richtig vergesellschaften. ● = vertragen sich gut

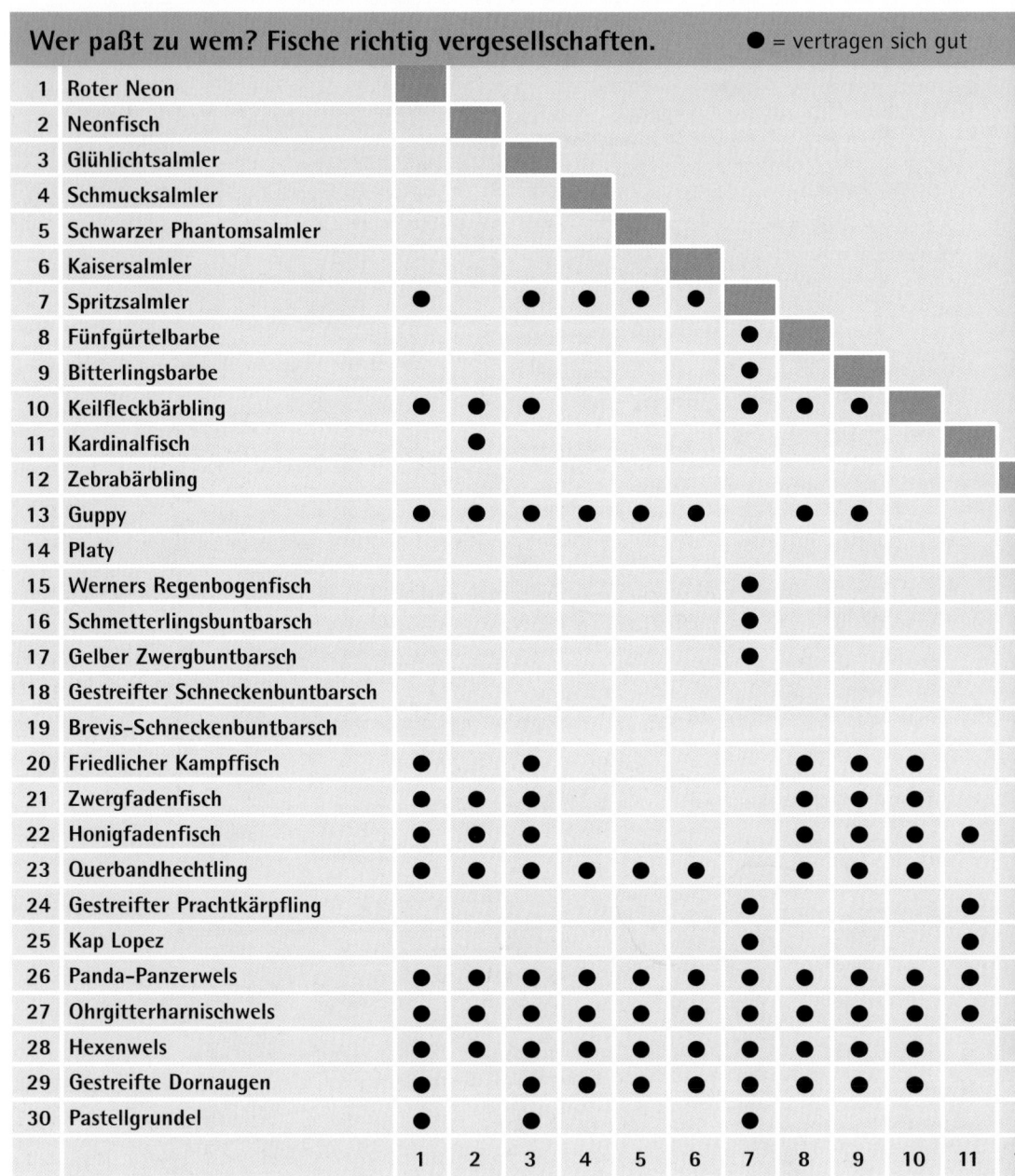

#	Fisch	1	2	3	4	5	6	7	8	9	10	11
1	Roter Neon	░										
2	Neonfisch		░									
3	Glühlichtsalmler			░								
4	Schmucksalmler				░							
5	Schwarzer Phantomsalmler					░						
6	Kaisersalmler						░					
7	Spritzsalmler	●		●	●	●	●	░				
8	Fünfgürtelbarbe							●	░			
9	Bitterlingsbarbe							●		░		
10	Keilfleckbärbling	●	●	●				●	●	●	░	
11	Kardinalfisch		●									░
12	Zebrabärbling											
13	Guppy	●	●	●	●	●	●		●	●		
14	Platy											
15	Werners Regenbogenfisch							●				
16	Schmetterlingsbuntbarsch							●				
17	Gelber Zwergbuntbarsch							●				
18	Gestreifter Schneckenbuntbarsch											
19	Brevis-Schneckenbuntbarsch											
20	Friedlicher Kampffisch	●		●				●	●	●		
21	Zwergfadenfisch	●	●	●				●	●	●		
22	Honigfadenfisch	●	●	●				●	●	●	●	
23	Querbandhechtling	●	●	●	●	●	●	●	●	●		
24	Gestreifter Prachtkärpfling							●			●	
25	Kap Lopez							●			●	
26	Panda-Panzerwels	●	●	●	●	●	●	●	●	●	●	●
27	Ohrgitterharnischwels	●	●	●	●	●	●	●	●	●	●	●
28	Hexenwels	●	●	●	●	●	●	●	●	●		
29	Gestreifte Dornaugen	●		●	●	●	●	●	●	●		
30	Pastellgrundel	●		●				●				
		1	2	3	4	5	6	7	8	9	10	11

Auf dieser Praxisseite erfahren Sie, welche Fische Sie in einem 60-Liter-Becken miteinander vergesellschaften können.

In der Tabelle sind sowohl die speziellen Wasseransprüche als auch das Temperament der einzelnen Fischarten berücksichtigt. Allgemein gilt für 60-Liter-Becken die Regel, daß höchstens drei Fischarten darin Platz finden, die sich auf die verschiedenen Beckenregionen verteilen sollten: Eine bodennah lebende Art, eine Fischart der mittleren Wasserschichten und eine Oberflächen-Art. Zusätzlich lassen sich in vielen Fällen noch *Otocinclus*-Welse als Algenvernichter dazugesellen.

Für die Fische der dritten im Porträtteil beschriebenen Gruppe »Zwerge und Spezialisten« finden Sie Hinweise zur Vergesellschaftung im Textteil (→ Seiten 25 bis 29).

Allgemein gilt, daß sich Zwergarten und Spezialisten am ehesten unter ihresgleichen wohlfühlen, weil ihre speziellen Bedürfnisse meistens nicht mit denen anderer Arten übereinstimmen. Häufig gelingt jedoch die Vergesellschaftung einer Freiwasser- mit einer Bodenart.

Um nun herauszufinden, ob zwei Arten zusammenpassen, gehen sie so vor: Merken Sie sich die Zahl links neben einem Fischnamen. Verfolgen Sie dann die Reihe eines Fisches mit höherer Zahl soweit nach rechts, bis sie zur senkrechten Kolonne über der zuerst gemerkten Zahl (→ untere Zeile) gelangen. Befindet sich dort im Kästchen ein Fischsymbol, dürfen Sie die Arten miteinander vergesellschaften. Falls dort kein Symbol steht, lassen sich die jeweiligen Bedürfnisse der beiden Fische in einem 60-Liter-Becken normalerweise nicht zur Deckung bringen. Ich empfehle daher die Vergesellschaftung dieser beiden Arten nicht, auch wenn sie in besonderen Fällen gelingen mag.

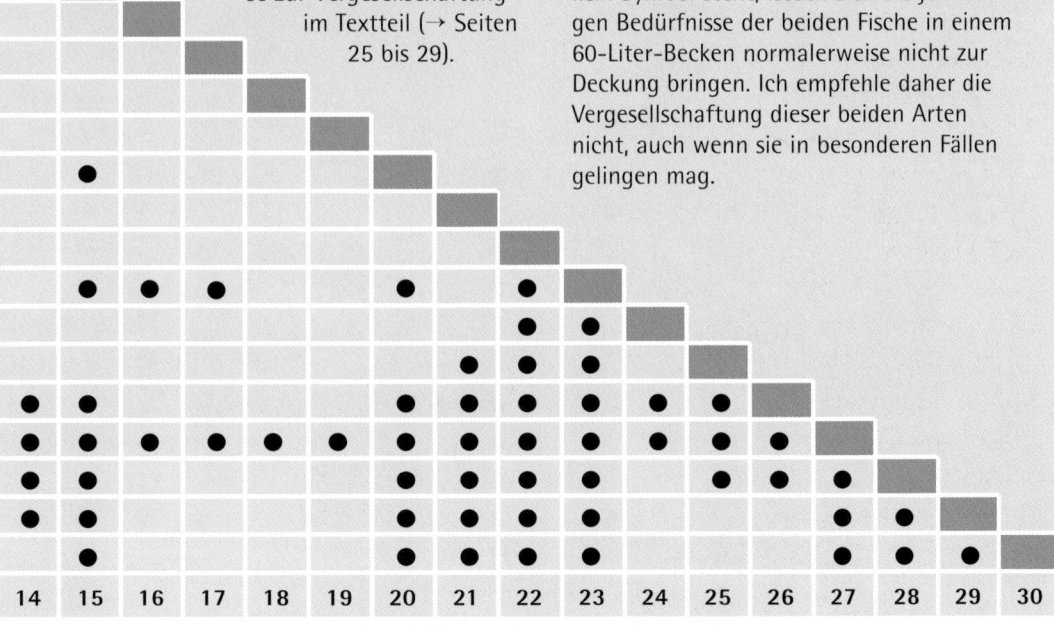

| 14 | 15 | 16 | 17 | 18 | 19 | 20 | 21 | 22 | 23 | 24 | 25 | 26 | 27 | 28 | 29 | 30 |

DAS AQUARIUM IM ALLTAG

Die richtige technische Ausstattung des Beckens, eine am natürlichen Lebensraum orientierte Einrichtung, sorgfältige Wasserpflege und die artgerechte Ernährung sind die besten Garanten für die erfolgreiche Haltung von Fischen in kleinen Aquarien.

Die Ausstattung des Aquariums

Becken: Achten Sie beim Kauf eines silikonkautschukgeklebten Glasbeckens auf eine Dichtigkeitsgarantie von mindestens einem Jahr. Sie können sich auch für ein Becken mit Spezialmaßen entscheiden, das nicht viel mehr kostet (→ Tip, Seite 52). Das Glas der Standardbecken ist meist ziemlich dünn (4 bis 5 mm) und kann relativ leicht beim Transport beschädigt werden. Entscheiden Sie sich für ein Spezialmaß, sollten Sie besser eine Glasstärke von 6 mm wählen. Stellen Sie das Becken daheim auf eine stabile Unterlage und legen Sie eine dünne Styroporplatte oder eine Schaumgummimatte unter, damit die Bodenscheibe nicht springt.

Filterung: Für die Filterung von 60-Liter-Aquarien empfehle ich luft- oder motorbetriebene Innenfilter oder kleine »Huckepack«-Außenfilter mit kleinen Leistungsstufen. Die Filterpumpe darf auf keinen Fall zu stark sein. Die Filterwirkung hängt nicht von der durchfließenden Wassermenge ab, sondern von Volumen und Art des Filtermaterials und der Durchflußgeschwin-

digkeit: Fließt das Wasser mit hoher Geschwindigkeit durch ein kleines Volumen, ist die Filterwirkung geringer als bei langsam laufenden Filtern. Eine Filterpumpe, die den Aquarieninhalt pro Stunde zwei- bis dreimal umwälzt, reicht aus. Vorteilhaft für 60-Liter-Becken sind neuere Modelle von Motor-Innenfiltern, die die Wasseroberfläche absaugen und mit verschiedenen Filtermaterialien bestückt werden. Für kleinere Becken eignen sich luftbetriebene Schaumstofffilter oder Eckfilter (→ Seite 40).

Oxidator: Er versorgt das Aquarium mit Sauerstoff, indem eine spezielle Flüssigkeit langsam in Sauerstoff und Wasser zerlegt wird. Diese Art der Sauerstoffversorgung hat den Vorteil, daß kein gelöstes Kohlendioxid aus dem Wasser ausgetrieben wird, das die Pflanzen wiederum zum Wachstum brauchen. Sauerstoff aus dem Oxidator hilft auch, die Abfallprodukte der Fische schneller in unschädlichere Produkte zu zerlegen und ist deshalb besonders in der Anfangsphase nützlich, wenn die Filterbakterien noch nicht richtig arbeiten.

Heizung: Geeignet sind Stabheizer. Die Leistung richtet sich nach Beckengröße und Außentemperatur. Lassen Sie sich vom Fachmann beraten. (Bitte lesen Sie auf Seite 36 weiter.)

Gesellschaftsbecken mit einem Schleierkampffisch, Keilfleck- und Schillerbärblingen.

Aquarium einrichten Schritt für Schritt

✔ Aquarium auf einen stabilen Unterschrank stellen, vorher eine dünne (1cm) Styroporplatte oder Schaumgummimatte unterlegen. Eventuell einen Außen- oder Innenhintergrund anbringen (im Zoofachhandel erhältlich).

✔ Heizung, Filter und Thermometer (noch keinen Oxidator!) nach Gebrauchsansweisung installieren, aber noch nicht in Betrieb nehmen.

✔ Wenn Sie Wurzelpflanzen einsetzen möchten: Eine dünne Schicht Depotdünger auf die Bodenscheibe streuen, dann eine etwa 5 cm dicke Lage kalkfreien Aquarienkies (Körnung 2 bis 3 mm), den Sie vorher im Eimer mit Leitungswasser solange spülen sollten, bis das ablaufende Wasser klar ist. Wenn Sie nur unverwurzelte Pflanzen oder gar keine verwenden, reicht eine 2 bis 3 cm dicke Schicht kalkfreier Sand.

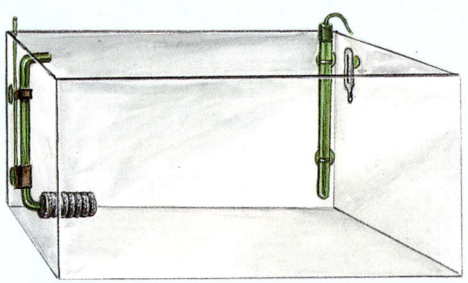

Installieren Sie zuerst Innenfilter, Heizung und Thermometer, bevor Sie den Bodengrund, Wurzeln oder Steine und etwas Wasser einfüllen.

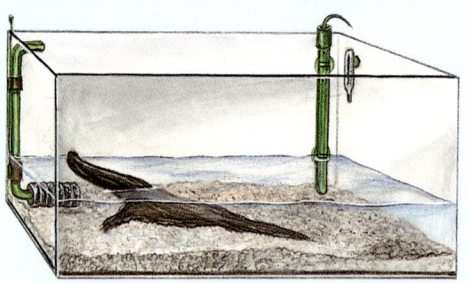

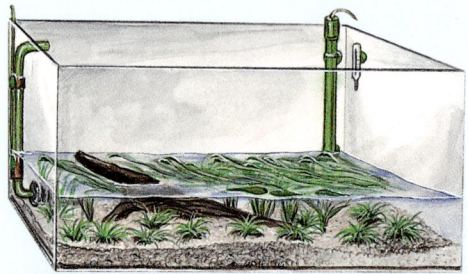

Nach der Bepflanzung des Beckens Wasser vollständig einlassen und Technik in Betrieb nehmen. Fische erst nach zwei Wochen einsetzen!

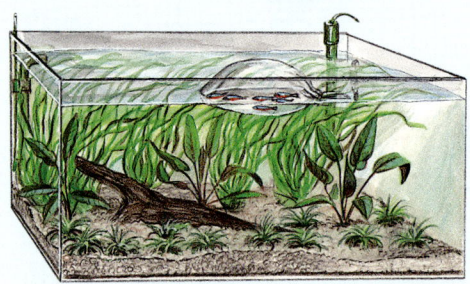

✔ Dann die anderen Dekorationsmaterialien (Wurzeln, kleine kalkfreie Steine, Tonhöhlen etc.) in die Kies- oder Sandschicht drücken.

✔ Vorsichtig etwa ein Drittel des Wassers einlassen und das Becken möglichst dicht bepflanzen. Für den Hintergrund eignen sich langblättrige Stengel- oder Rosettenpflanzen, für die Mittelzone mittelhohe Rosettenpflanzen und im Vordergrund niedrige, grasartige Pflanzen.

✔ Um schnell eine gutes Milieu für die Fische zu schaffen, sollten Sie sich von Freunden oder aus dem Zoohandel etwas Kies aus einem bereits laufenden Aquarium besorgen oder etwas Filtermaterial, das Sie im Wasser ausdrücken. Dadurch helfen Sie den Filterbakterien auf die Sprünge.

✔ Danach den Oxidator installieren, am besten versteckt in einer Aquarienecke.

✔ Füllen Sie das Becken nun ganz auf.

✔ Nehmen Sie jetzt die Technik in Betrieb und lassen Sie das Becken mindestens zwei Wochen noch ohne Fische, aber mit normaler Beleuchtung laufen. Dadurch kommen die wichtigen Filterbakterien in Gang und sorgen für ein fischfreundliches Milieu. Ohne diese »Einfahrzeit« werden Sie – selbst nach der Zugabe sogenannter Starterbakterien – eine verhältnismäßig fischfeindliche Umgebung haben, weil Leitungswasser nicht lebt.

✔ Kaufen Sie dann die Fische, die Sie sorgfältig nach ihren speziellen Pflegebedürfnissen ausgewählt haben, und setzen Sie sie zunächst im Beutel ins Aquarium. Der Beutel sollte zur Temperaturangleichung eine halbe Stunde schwimmen. Erst danach die Fische ins Becken lassen, sonst erleiden sie einen Milieuschock.

Bambus- oder Tonkinstäbe als Dekoration
Diese beiden Dekorationsmaterialien wirken sehr natürlich, ähnlich wie Schilf. Da sie aber aufschwimmen würden, muß man sie dauerhaft befestigen.
Besorgen Sie sich aus dem Heimwerker- oder Bastlerbedarf eine weichmacherfreie PVC-Platte oder eine dicke PVC-Folie sowie unlasierte, dünne Bambus- oder Tonkinstäbchen. Sägen Sie die Stäbe auf Aquarienhöhe zu und rauhen Sie die PVC-Unterlage mit Schmirgelpapier an. Kleben Sie dann die Stäbe unregelmäßig angeordnet mit Aquarien-Silikonkautschuk auf die Unterlage (→ Zeichnung, unten). Wässern Sie die Klebestelle nach 48 Stunden einen Tag lang in einem Eimer. Danach die Stäbe ins Becken setzen, bevor Sie die Kiesschicht einbringen.

Wurzeln mit Javamoos und Anubias bepflanzen
Durch Holzwurzeln und Steine entstehen im Aquarium wie im natürlichen Lebensraum Revierzonen und Versteckmöglichkeiten für die Fische.
Sogar ohne Bodengrund können Sie ein kleines Unterwasserpflanzenparadies schaffen, wenn Sie die Wurzeln (nur Moorkienwurzeln aus dem Zoofachhandel verwenden) oder Steine mit Javamoos, Javafarn oder Anubias bepflanzen.

Dazu brauchen Sie die Pflanzen nur mit einem Baumwollfaden vorsichtig auf einer Wurzel oder an einem Stein festbinden. Nach ein paar Monaten halten die Pflanzen von selbst.

Den Baumwollfaden brauchen Sie nicht zu entfernen, er zersetzt sich im Laufe der Zeit.
Schneiden Sie Javamoos ab und zu zurück.

Ein Innen- oder Außenthermometer ist für die regelmäßige Temperaturkontrolle unerläßlich. Als Beleuchtung verwenden Sie am besten Abdeckleuchten, deren Leuchtstoffröhre für die gängigen Aquarienpflanzen genügend Licht spendet. Für die Beleuchtung kleinster Becken reichen auch Energiesparlampen, die man in einer beweglichen Lampe über dem Aquarium anbringen kann. Warmton- und spezielle Pflanzen-Röhren sind wegen ihrer unnatürlichen Farbwiedergabe schlechter geeignet als Tageslichtröhren. Wer Wert auf starken Pflanzenwuchs legt, sollte über dem Aquarium zwei Leuchtstoffröhren anbringen, von denen eine eine spezielle Pflanzenröhre sein kann. Falls Sie keine Abdeckleuchten verwenden, brauchen Sie

Schöne und gesunde Zuchtplatys wie auf diesem Bild sind nicht leicht zu bekommen.

eine Abdeckscheibe (vom Glaser zuschneiden lassen), die nur kleine Aussparungen für die Filter- und Heizungskabel haben sollte, damit die Fische nicht aus dem Becken springen können. Weiteres Zubehör: zwei Fischfangnetze, ein 2,5 m langer Schlauch, ein 10-Liter-Eimer und eine 10-Liter-Gießkanne zum Wasserwechsel (→ Tip, Seite 39), ein Algenmagnet zum Scheibenputzen, eine Zeitschaltuhr für das An- und Abschalten der Beleuchtung. Kommen Sie nicht dazu, täglich zu füttern, brauchen Sie auch einen Futterautomat.

Wasser und Wasserpflege

Der Qualität des Wassers müssen Sie in einem kleinen Aquarium besondere Aufmerksamkeit schenken, weil ein kleines Wasservolumen empfindlicher auf Pflegefehler reagiert als ein großes. In kleinen Aquarien lassen sich spezielle wasserchemische Bedürfnisse jedoch leichter erfüllen, weil man nur wenig Spezialwasser braucht (→ Praxis Wasser, Seiten 40/41). Wichtigste Voraussetzung für die Wasserpflege ist nicht so sehr der Filter, sondern ein mäßiger Fischbesatz sowie regelmäßige Teilwasserwechsel. Ein Filter unterstützt lediglich die natürliche Umsetzung von giftigen Stoffwechselprodukten der Fische in weniger giftige, entfernt diese aber nicht aus dem Aquarium. Sauberes Wasser erreichen Sie am besten durch den regelmäßigen Teilwasserwechsel (1/4 bis 1/3 des Beckeninhalts pro Woche). Idealerweise wechseln Sie mehrmals wöchentlich 1/5 des Beckeninhalts mit Hilfe der Gießkannen-Methode (→ TIP, Seite 39). So entfernen Sie die im Wasser gelösten Schadstoffe. Außerdem führen Sie wichtige Spurenelemente zu, die im Leitungswasser in geringen Mengen enthalten sind.

Nitrat–Wert messen

Einmal wöchentlich sollten Sie den Nitrat-Wert messen (Meßstäbchen im Zoofachhandel erhältlich). Der Wert sollte nie über 50 mg/l liegen, besser unter 20 mg/l. Ist der Nitrat-Wert trotz Wasserwechsel und Filterreinigung zu hoch, kann dies verschiedene Ursachen haben:
✔ Das Becken ist überbesetzt. Vergleichen Sie Ihren Besatz mit den Vergesellschaftungsvorschlägen auf den Seiten 30/31.
✔ Das Trinkwasser ist nitratbelastet. Informieren Sie sich bei Ihrem Wasseramt oder der Gemeinde. Falls nötig, filtern Sie Ihr Leitungswasser über eine Umkehrosmoseanlage (genauere Informationen dazu erfahren Sie im Fachhandel).

Checkliste
Standardausrüstung

1 Ein Standardbecken, zum Beispiel 60 x 30 x 33 cm

2 Abdeckleuchte mit mindestens einer Tageslicht-Leuchtstoffröhre

3 Aquarien-Innenfilter (am besten mit etwas Filtermaterial aus einem länger betriebenen Filter füllen)

4 Ein Aquarienheizer (50 W) und ein Thermometer

5 Ein kleiner Oxidator

6 Zwei mittelgroße Fischfangnetze

7 10 Liter Aquarienkies

8 Depotdünger (die Hälfte der angegebenen Menge verwenden)

9 Ein kleiner Magnet-Scheibenreiniger

10 Schlauch und Eimer für den Wasserwechsel

11 Eine Packung Wassertest-Stäbchen (Zoofachhandel).

✔ Im Aquarium gibt es eine »Gammelecke«
(toter Fisch oder Ansammlung von Futterresten). In diesem Fall sind auch andere Schad-
stoffwerte gefährlich hoch. Entfernen Sie die
Gammelecke und wechseln Sie in den nächsten
Tagen täglich 1/4 des Aquarienwassers aus, bis
Sie wieder bessere Werte messen. Füttern Sie
ein paar Tage lang nicht, außer Sie haben Jungfische oder Zwergarten unter 3 cm Länge im
Becken. Richten Sie das Becken dann so ein,
daß Futterreste leicht zu entfernen sind.

Der Säuregrad (pH–Wert)

Er ist neben der Sauberkeit des Wassers und der
Wasserhärte die wichtigste Meßgröße, weil viele Fischarten entweder saures (und weiches)

*Der Neonfisch (Paracheirodon innesi) bleibt
kleiner und ist robuster als der Rote Neon.*

Wasser bevorzugen und alkalisches (und hartes)
Wasser nicht vertragen, oder umgekehrt. Auch
den pH-Wert können Sie mit Meßstäbchen aus
dem Zoofachhandel leicht messen. Je nach
Säuregrad bezeichnet man Wasser als sauer
(pH-Wert 1 bis 6,9), neutral (pH-Wert 7) oder
alkalisch (pH-Wert 7,1 bis 14). Die meisten der
in diesem Buch aufgeführten Fische fühlen sich
in leicht saurem bis leicht alkalischem Wasser
(pH-Wert um 6,5) am wohlsten, es gibt aber
Ausnahmen (→ Tabellen, Seiten 18, 21 und 29).
Da Leitungswasser meist alkalisch ist, sollten Sie

für die Pflege dieser Arten den pH-Wert gezielt senken (→ Torffilter, Praxis Wasser, Seite 40). Wichtig: Ein Becken mit extrem sauren Wasserwerten (pH-Wert 4,5 bis 6) ist schwieriger zu pflegen. Achten Sie darauf, daß das Becken nur sehr schwach besetzt ist, die Filterung einwandfrei arbeitet und groß dimensioniert ist.

Die Wasserhärte

Manche Fische brauchen nicht nur saures, sondern auch weiches Wasser. Als weiches Wasser bezeichnet man Wasser ohne oder mit nur wenig Härtebildnern wie zum Beispiel Kalk. Es gibt zwei wichtige »Härten«: die Karbonathärte, die in Grad Karbonathärte gemessen wird (°dKH), und die Gesamthärte, die in Grad deutscher Härte (°dGH) gemessen wird. Die Differenz ergibt (normalerweise) die Nichtkarbonathärte. Bis etwa 8° dGH bezeichnet man Wasser als weich, bei 8 bis 16° dGH als mittelhart und bei allen Werten darüber als hart. Ein für die meisten Zierfische ideales Wasser enthält kaum Karbonathärte (um 4°dKH) und etwa 5 bis 8° dGH Gesamthärte. Wie Sie die Wasserhärte senken, finden Sie auf der Praxis-Seite 40.

Die Wassertypen

Man unterscheidet folgende Wassertypen, wobei für die meisten Fische Typ 2 und 3 am vorteilhaftesten sind (→ Tabellen Seite 18, 21, 29). Bei dieser Einteilung geht es um eine Annäherung an natürliche Gewässertypen. Daher überschneiden sich auch manchmal die pH-Werte.

Typ 1: pH: 4,5 - 6,5; °dKH 0 - 3
Typ 2: pH: 5,5 - 6,8; °dKH 3 - 8
Typ 3: pH: 6,8 - 7,5; °dKH 3 - 8
Typ 4: pH: 6,8 - 7,5; °dKH 8 - 16
Typ 5: pH: 7,2 - 8,5; °dKH > 12
Typ 6 :pH: > 8; °dKH > 12
Typ 7: pH: > 8; °dKH > 12, mit 2 bis 3 Teelöffeln Meersalz-Zusatz pro 10 Liter Wasser.

T I P

Wasserwechsel leicht gemacht

Zum regelmäßigen Teilwasserwechsel (ein- bis zweimal pro Woche) folgende Utensilien immer in der Nähe des Aquariums bereitstellen: eine bereits mit den richtigen Wasserwerten gefüllte 10-Liter-Gießkanne, einen größeren Trichter, einen 2 Meter langen Aquarienfilterschlauch, einen 10-Liter-Eimer.

Und so geht's: Stecken Sie ein Schlauchende durch die Futterluke ins Aquarium und saugen Sie mit dem Mund am anderen Schlauchende kurz (Nicht schlucken!) an. Dann 10 Liter Aquarienwasser in den Eimer ablaufen lassen. Danach 10 Liter vorbereitetes Wasser aus der Gießkanne über den Trichter so ins Becken füllen, daß der Bodengrund nicht aufwirbelt. Eimer entleeren und Gießkanne wieder mit frischem Wasser füllen. Der ganze Vorgang dauert etwa zehn Minuten!

Die richtige Temperatur

Die Temperatur des Wassers wird häufig übersehen. Das gilt besonders, wenn man neue Fische in ein laufendes Becken dazusetzt (→ Seite 35). Manche Arten sind wärmeliebend, andere kümmern und werden krank, wenn sie zu warm gehalten werden. Letztere sind in den Wintermonaten dankbar für eine Abkühlung auf den unteren Bereich ihrer Pflegetemperaturen (→ Seiten 18, 21, 29), da sie oft aus subtropischen Regionen stammen, die während unserer Wintermonate auch etwas niedrigere Temperaturen haben. Achten Sie bei der Vergesellschaftung auf die Temperaturansprüche aller Arten.

Senken von Karbonathärte und pH-Wert mit Hilfe von Torf

Torf senkt die Karbonathärte und den pH-Wert besser als jedes künstliche Mittel, weil er noch weitere biologisch aktive Stoffe mit ins Wasser abgibt. Die Anwendung lohnt sich aber nur für den Weichwasserbedarf kleiner Aquarien, weil der Torfverbrauch sonst zu groß wird.

So wird's gemacht: Kaufen Sie Torf oder Torfgranulat im Zoofachhandel. Füllen Sie den Torf und etwa einen halben Liter mittelhartes Wasser in ein Gazesäckchen, das speziell für Filtermaterial angeboten wird. Hängen Sie das Säckchen mit einer rostfreien Klammer in eine hintere, leicht zugängliche Ecke des Aquariums (→ Zeichnung, unten) oder legen Sie es in die Filterkammer eines eingeklebten Eckfilters (→ Zeichnung, rechts).

Messen Sie den pH-Wert und die Karbonathärte täglich. Haben sich die gewünschten Werte eingestellt oder verändern sie sich nicht mehr, entfernen bzw. erneuern Sie den Torf. Da die Effizienz der verschiedenen Torfsorten unterschiedlich ist, kann man keine genaueren Dosierungen angeben.

Einfach und auf natürliche Weise funktioniert die Enthärtung und Ansäuerung kleiner Wassermengen mit dem Torfsäckchen.

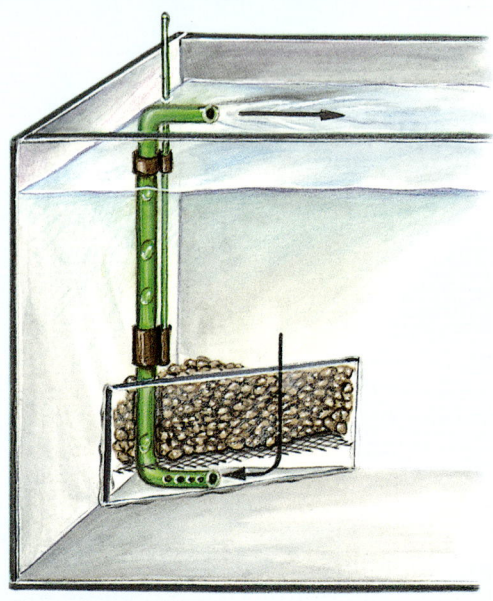

Eingeklebte Eckfilter sind im eingerichteten Becken unauffällig und lassen sich mit verschiedenen Filtermaterialien bestücken.

Für spätere Wasserwechsel empfiehlt es sich, das Wasser auf die gleiche Art in Eimern vorzubereiten. Wenn Sie die dunkle Wasserfärbung stört, können Sie sie durch eine Aktivkohlefilterung (→ rechte Seite) entfernen, nachdem die Torfbehandlung beendet ist.

Eckfilter für kleine Aquarien

Praktisch und unauffällig für kleine Aquarien sind selbstgebaute, eingeklebte und mit einer Blende versehene Eckfilter. Sie lassen sich leicht mit verschiedenen Materialien füllen und stehen nicht lose im Aquarium herum wie viele befüllbare, luftbetriebene Plastikfilter.

So wird der Eckfilter gebaut:

✔ Lassen Sie sich vom Glaser einen Glasstreifen zuschneiden, der für ein 60-Liter-Becken etwa die Maße 20 x 10 cm haben sollte. Besorgen Sie sich im Zoofachhandel ein Steigrohr eines

Kreuzregel zum Berechnen von Mischungsverhältnissen

1. Härtegrad des härtearmen Wassers (im Beispiel 0° dKH) minus dem gewünschtem Härtegrad (im Beispiel 4° dKH) ergibt Anteile Leitungswasser (Minuszeichen weglassen; im Beispiel 4 Teile).
2. Härtegrad des Leitungswassers (im Beispiel 18° dKH) minus gewünschtem Härtegrad (im Beispiel 4° dKH) ergibt Anteile des härtearmen Wassers (im Beispiel 14 Teile).

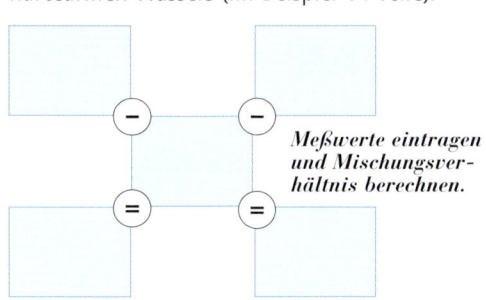

Meßwerte eintragen und Mischungsverhältnis berechnen.

Berechnen Sie mit Hilfe der freien Felder links Ihr ganz individuelles Mischungsverhältnis und verwenden Sie beim Wasserwechsel in Zukunft immer Wasser in diesem Mischungsverhältnis.

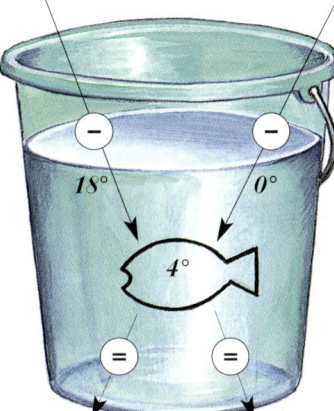

4 Teile   14 Teile

Härtearmes Wasser ist:
Torfenthärtetes Wasser (→ linke Seite), aktivkohlegefiltertes Regenwasser, Wasser aus synthetischen Ionenaustauschern oder Umkehrosmoseanlagen. Kleine Mengen gibt es in der Drogerie.

---

kleinen Schaumstoffilters sowie eine kleine Tube Silikonkautschuk. Zusätzlich benötigen Sie noch eine dünne Platte aus PVC.
✔ Nachdem Sie den Glasstreifen mit Azeton gereinigt haben, kleben Sie ihn in das noch nicht eingerichtete Becken, indem Sie auf drei Kanten eine dünne »Wurst« Silikonkautschuk auftragen.
✔ Als Sichtblende können Sie auf die Vorderseite dünne Schieferblättchen oder Sand kleben.

✔ Schneiden Sie dann die PVC-Platte genau auf die Innenmaße der Filterkammer zu und bohren Sie mit einem 2-mm-Bohrer viele kleine Löcher in die Platte sowie ein größeres für das Steigrohr. Anstelle der PVC-Platte können Sie auch steife Plastiksiebe verwenden (Bastelbedarf).
✔ Stecken Sie das Steigrohr durch das größere Loch und kleben Sie die Platte mit wenigen Tropfen Silikonkautschuk in der Filterecke fest.

Dann grobkörnigen Kies auf die Platte geben.
✔ Zur Filterreinigung beim Wasserwechsel können Sie mit Hilfe einer Mulmglocke (Aquarienhandel) den Schmutz aus dem Kies saugen.
Der Eckfilter kann auch mit Aktivkohle (nach einer Medikamentengabe) oder Torf bestückt werden, wenn man darüber eine Lage Schaumstoff oder Filterwatte als Vorfilter einbringt, damit die Aktivkohle oder der Torf nicht verschmutzen.

Pflanzen im Aquarium

Jeder Aquarianer wünscht sich in seinem Aquarium einen schönen Pflanzenwuchs. Dieser bindet zudem effektiv Schadstoffe im Aquarium. Alle in diesem Buch aufgeführten Fische können, viele sollten sogar in gut bepflanzten Aquarien gehalten werden. Häufig wird jedoch vergessen, daß auch die verschiedenen Pflanzenarten unterschiedliche Pflegeansprüche haben und viele besonders anspruchsvoll in Bezug auf Bodengrund, Wasser- und Lichtqualität sind. Einige Pflanzen eignen sich zudem nicht für kleine Becken. So ist die Enttäuschung groß, wenn von den vielen, oft teuren Pflanzen nach einigen Monaten nicht mehr viel übrig ist.

Zwerg-Leuchtaugenfische (Aplocheilichthys normani) wirken erst im Schwarm.

Da die Vielfalt der Aquarienpflanzen sehr groß ist, möchte ich Ihnen einige kleinbleibende Pflanzen für den Anfang empfehlen, die einfach zu pflegen sind. Die meisten vertragen nur kein extrem saures oder salzhaltiges Wasser. Man unterscheidet zwischen wurzelnden Pflanzen, die eine etwa 5 bis 6 cm dicke Bodenschicht aus mittelgrobem Kies benötigen, Aufsitzerpflanzen, die auf Steine oder Wurzelholz aufgebunden werden (→ Praxis Einrichtung, Seite 35) und Schwimmpflanzen, die als Stengel frei flutend im Wasser treiben.

Wie Sie die Pflanzen bei der Einrichtung des Beckens einsetzen, lesen Sie auf Seite 34. Bei starker Beleuchtung wachsen die meisten Pflanzen besser, brauchen dann aber eine Versorgung mit dem Nährstoff Kohlendioxid und Flüssigdünger (→ auch Literatur, Seite 62).

Wurzelnde Pflanzen

✔ Schraubenvallisnerie (*Vallisneria spiralis*); Hintergrund; kein saures, weiches Wasser
✔ Flutendes Pfeilkraut (*Sagittaria subulata*); Hintergrund; kein saures, weiches Wasser
✔ Schwarze Schwertpflanze (*Echinodorus parviflorus*); große Solitärpflanze
✔ Wendts Wasserkelch (*Cryptocoryne wendtii*); mittlerer Beckenbereich
✔ Becketts Wasserkelch (*Cryptocoryne beckettii*); mittlerer Beckenbereich
✔ Zwergschwertpflanze (*Echinodorus tenellus*); helle Bereiche im Vordergrund

Aufsitzerpflanzen

✔ Javafarn (*Microsorum pteropus*)
✔ Javamoos (*Vesicularia dubyana*)

Stengelpflanzen

Schwimmend oder eingepflanzt im Hintergrund:
✔ Kleines Fettblatt (*Bacopa monnieri*)
✔ Indischer Wasserfreund (*Hygrophila polysperma*)
✔ Kriechende Ludwigie (*Ludwigia repens*)

Schwimmpflanzen

✔ Brasilianischer Wassernabel (*Hydrocotyle leucocephala*)
✔ Hornkraut (*Ceratophyllum demersum*); Stengelpflanze, die man schwimmen läßt
✔ Schwimmender Hornfarn (*Ceratopteris pteridoides*); auch für sehr saures Wasser
✔ Teichlebermoos (*Riccia fluitans*)
✔ Guadeloupe Nixkraut (*Najas guadelupensis*)

Checkliste
Pflanzenpflege

1 Regelmäßig gelbe und fleckig werdende Blätter abschneiden, Stengelpflanzen kürzen, Schwimmpflanzen auslichten.

2 Regelmäßig Wasserpflanzen-Flüssigdünger hinzufügen (die Hälfte der angegebenen Dosis).

3 Wurzelpflanzen mit Depot-Düngertabletten nachdüngen, wenn Wachstum nachläßt oder nur gelbe Blätter kommen.

4 Alle 8 Wochen Bodengrund mit einem Stöckchen vorsichtig durchstochern, aber nicht aufwühlen. Bodengrundbelüftung regt das Pflanzenwachstum an.

5 Ohrgitterharnischwelse (*Otocinclus*) und Japanische Garnelen (*Caridina japonica*) helfen, daß Blattpflanzen und Scheiben nicht veralgen.

Die richtige Ernährung für kleine Fische

Mit den verschiedenen Frost- und Trockenfuttersorten aus dem Zoofachhandel können Sie fast alle kleinen Fische ausgewogen und vielseitig ernähren. Allerdings nehmen einige Arten, zum Beispiel Süßwassernadeln, Zwergschwarzbarsche und Goldringelgrundeln Frost- und Trockenfutter nicht an, weil es sich nicht bewegt und den sogenannten Beutegreifreflex nicht auslöst. Für diese Fische, aber auch zur optimalen Ernährung aller anderen Arten, können Sie Lebendfutter züchten oder selber fangen (→ Praxis Ernährung, Seite 46).

Bei der artgerechten Fütterung von kleinen Fischen in kleinen Aquarien sollte folgendes unbedingt beachtet werden:

✔ Füttern Sie nicht zu viel, da liegengebliebene Futterreste das Aquarienwasser schneller aus dem Lot bringen als in großen Becken (→ Praxis Ernährung, Seite 46).

✔ Damit alle Aquarieninsassen zum Zuge kommen, ist eine gezielte Fütterung notwendig. Nicht jede Futtersorte ist zu jeder Tageszeit für alle Fische gleichermaßen geeignet.

✔ Berücksichtigen Sie die Nahrungszusammensetzung, an die die jeweilige Fischart in ihrem natürlichen Lebensraum angepaßt ist (→ auch Artenteil Seite 9 bis 28).

✔ Aufgrund des erhöhten Stoffwechsels sollten kleine, schwimmfreudige Fische zwei, besser dreimal am Tag gefüttert werden, falls kein Lebendfutter zur Verfügung steht, das sich über einen längeren Zeitraum hält.

Trockenfutter

Die verschiedenen Sorten von Markenherstellern bieten eine qualitativ hochwertige, aber meist zu gehaltvolle Grundlage für die ausschließliche Ernährung vieler Aquarienfische.

Trockenfutter gibt es in den unterschiedlichsten Zusammensetzungen und Formen, so daß Sie individuell auf die Freßgewohnheiten der einzelnen Arten eingehen können: Futterflocken für Oberflächen- und Freiwasserfische, feines Granulat für kleine Freiwasser- und Bodenfische, Tabletten für Bodenfische. Besonders wertvolles Trockenfutter besteht aus gefriergetrockneten Futtertieren.

Weil Trockenfutter schnell verdirbt und dann nicht mehr gefressen wird, sollten Sie nie mehr verfüttern, als die Fische in wenigen Minuten vertilgen.

Hinweis: Trockenfutter, bei dem das Verfallsdatum abgelaufen ist, auf keinen Fall verfüttern. Futterdosen nach Gebrauch sofort verschließen, um vorzeitiges Verderben zu vermeiden.

Kleinkrebse

Kleinkrebse haben einen höheren Ballaststoffanteil als Trockenfutter. Zudem enthalten sie natürliche Farbstoffe, die vor allem das Rot in der Färbung der Fische intensivieren. Es gibt verschiedene Arten von Kleinkrebsen, und selbst die kleinsten werden gerne auch von größeren Fischen verspeist. Besonders empfehlenswert sind die nahrhaften Hüpferlinge (*Cyclops*) und *Bosminen*. Der Nährwert von Wasserflöhen (*Daphnien*) ist geringer. Als Alleinfutter sind sie deshalb nicht geeignet, jedoch als regelmäßige Ergänzung, besonders weil sie im Zoofachhandel ab und zu lebend angeboten werden.

Mückenlarven

Von den drei verschiedenen Mückenlarven-Arten eignen sich die kleineren Schwarzen am besten als Fischfutter, aber auch kleine Weiße Mückenlarven können verfüttert werden. Schwarze Mückenlarven kann man mit einem feinen Aquarienkescher im Sommer gut in Pfützen und Regentonnen fangen, wo sie direkt

Amano-Garnelen vernichten Fadenalgen effektiv, fressen aber auch anderes Futter.

unter der Wasseroberfläche hängen. Weiße Mückenlarven werden manchmal lebend im Zoohandel angeboten. Gefroren bekommt man beide Arten zu jeder Jahreszeit.
Rote Mückenlarven empfehle ich nicht, weil viele Menschen darauf allergisch reagieren.

Tubifex
Diese kleinen Würmer sind ein nahrhaftes Fischfutter, das man nur lebend im Handel erhält. Sie sollten jedoch nicht zu häufig verfüttert werden, da sie manchmal stark mit Schadstoffen belastet sind, außerdem ist ihr Fettgehalt sehr hoch. Für viele Fische, die nur schwer Futter annehmen, stellen Tubifex aber oft die einzige Alternative dar, wenn kein anderes

Lebendfutter zu bekommen ist. Lagern Sie Tubifex in einem Gefäß, das unter einem gut tropfenden Wasserhahn steht, damit sich die Würmer frisch halten.

Artemia-Nauplien und Grindal-Würmer
Diese beiden Lebendfuttersorten können Sie selbst züchten, um die lebendfutterfreie Zeit im Winter zu überbrücken (→ Praxis Ernährung, Seite 46). Sie werden von allen in diesem Buch aufgeführten Fischarten gern angenommen.

Fütterungsregeln

<u>Trocken- und Gefrierfutter:</u> Füttern Sie ein- bis zweimal am Tag soviel, wie die Tiere in etwa fünf Minuten auffressen. Legen Sie einmal in der Woche einen Fastentag ein (nicht bei Jungfischen und Fischen unter 3 cm Körperlänge). Berücksichtigen Sie auch die unterschiedlichen Freßgewohnheiten der verschiedenen Arten. Bodenfische zum Beispiel können mit schwimmendem Futter nicht viel anfangen. Nachtaktive Fische kommen tagsüber nicht zum Zug.

<u>Lebendfutter:</u> *Cyclops*, Wasserflöhe und kleine Weiße Mückenlarven können Sie Zwergfischen auch in größeren Mengen anbieten. Aber erst dann wieder füttern, wenn kein Lebendfutter mehr im Becken schwimmt. Das kann manchmal zwei bis drei Tage dauern.

Helfer beim Vertilgen von Futterresten

Vor allem in kleinen Aquarien mit wenigen Fischen passiert es leicht, daß zuviel gefüttert wird. Da ein kleines Wasservolumen auf Schadstoffe aber empfindlicher reagiert, sollten Sie sich einige Helfer für die Verwertung von Futterresten zulegen. Besonders hilfreich sind Schnecken, Garnelen und kleine Panzerwelse (→ Zeichnungen, rechts).

Lebendfutter selbst züchten

Fast alle Fischarten gedeihen besser, wenn sie zusätzlich Lebendfutter bekommen und nicht nur mit Trockenfutter- oder Gefrierfutter versorgt werden. Bei man-

Die Grindal-Würmer-Kultur an einen dunklen, warmen Ort stellen.

Schnecken sind gute Restevertilger. Nehmen sie überhand, kann man sie leicht aus dem Becken heraussammeln. In Zuchtbecken haben sie jedoch nichts zu suchen, weil sie Fischeier fressen.

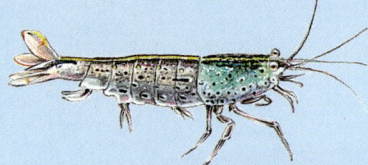

Garnelen häuten sich regelmäßig und hinterlassen sogenannte Exuvien (Häutungshemden), die aussehen wie tote Tiere. Die frisch gehäuteten Tiere leben jedoch und haben sich nur versteckt.

Bodenfische wie zum Beispiel kleine Panzerwelse fressen zwar übriggebliebenes Futter, müssen aber noch zusätzlich gefüttert werden.

chen Arten ist Lebendfutter sogar die Voraussetzung für eine erfolgreiche Pflege und Zucht. Am besten Sie züchten deshalb Grindal-Würmer und Artemia-Nauplien. Dann sind Sie für alle Fälle gewappnet, sowohl bei der Pflege erwachsener Kleinfische als auch bei der Aufzucht von Jungfischen.

<u>Grindal-Würmer züchten:</u>

✔ Zuerst müssen Sie sich einen Zuchtansatz besorgen (Adressen finden Sie im Anzeigenteil der Aquarienzeitschriften).

Artemia züchten: Luftschlauch und Luftpumpe so mit den Flaschen verbinden, daß eine Pumpe zwei (oder auch mehrere) Flaschen betreiben kann. Die Luft strömt in

Pfeilrichtung durch die beiden Flaschen. Mit zwei Flaschen haben Sie bei zeitlich versetztem Ansatz immer genügend Lebendfutter für kleine Fische.

auf 1 Liter Wasser) und in Flaschen füllen (→ Zeichnung, links).

✔ Jeweils 1/2 Löffel Artemia-Eier dazugeben, Luftpumpe anschalten und die Flaschen an einen warmen Ort stellen.

✔ Nach 36 bis 48 Stunden schlüpfen die Nauplien und können verfüttert werden.

✔ Dazu die Luftpumpe abstellen. Die grauen Eischalen treiben dann nach oben, die rötlichen Nauplien setzen sich unten ab und können abgesaugt werden (→ Zeichnung, unten).

✔ Eine etwa 3 cm hohe Schicht einige Tage eingeweichten Torfes in ein etwa 10 x 15 cm großes Plastikgefäß füllen (→ Zeichnung, linke Seite). Torf vorher so ausdrücken, daß er nur noch feucht ist.

✔ 1 Teelöffel Trockenbabybrei-Pulver daraufstreuen und mit Wasser benetzen.

✔ Zuchtansatz dazugeben und einen kleinen Plastikdeckel (etwa 8 cm Durchmesser) oder eine Glasplatte auf den Torf legen.

✔ Behälter mit einem Gazefenster zur Belüftung versehen.

✔ Kultur an einen

dunklen, warmen Ort stellen. Nach ein paar Tagen haben sich unter dem Deckel Würmer entwickelt, die Sie mit einem Pinsel abnehmen und direkt verfüttern können.

✔ Kultur alle drei Monate erneuern.

Artemia-Nauplien:
So heißen die Larven der Salinenkrebse. Ihre Dauereier sind jahrelang haltbar und werden im Zoofachhandel angeboten.

✔ Jodfreie Kochsalzlösung ansetzen (1 gehäufter Eßlöffel

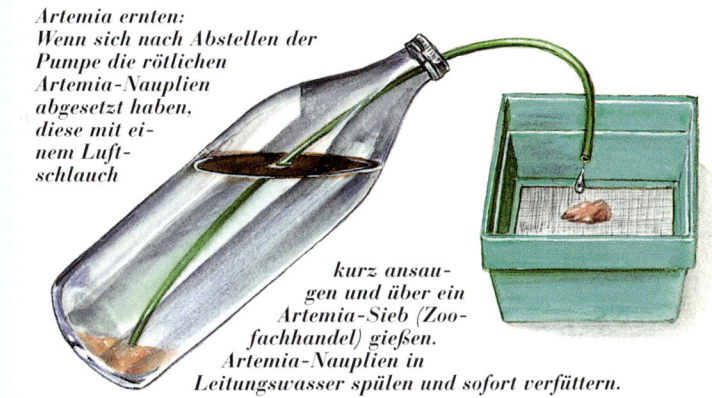

Artemia ernten: Wenn sich nach Abstellen der Pumpe die rötlichen Artemia-Nauplien abgesetzt haben, diese mit einem Luftschlauch

kurz ansaugen und über ein Artemia-Sieb (Zoofachhandel) gießen. Artemia-Nauplien in Leitungswasser spülen und sofort verfüttern.

Krankheiten vorbeugen

Bei artgerechter Pflege bleiben Ihre kleinen Fische normalerweise gesund. Fühlen sich Ihre Zöglinge aber doch einmal unwohl, erkennen Sie das daran, daß sie nicht wie sonst aktiv sind, sondern benommen umherschwimmen oder sich entgegen ihrer normalen Gewohnheit zurückziehen. Dabei atmen sie oft schneller und ihr normales Farbkleid kann verändert sein. Oft scheuern sie sich an härteren Gegenständen. Zeigen sich solche Symptome, sollten Sie zuerst überprüfen, ob die Ursache ein Pflegefehler ist:

✔ Ist der Nitratwert zu hoch (über 50 mg/l)?
✔ Stimmen die Wasserwerte?
✔ Ist ein verwesender Fisch im Aquarium?
✔ Ist die Ernährung auf die Fische abgestimmt?
✔ Reicht die Belüftung aus?
✔ Funktioniert der Filter?
✔ Liegt der letzte Wasserwechsel länger als zwei Wochen zurück?
✔ Ist das Becken überbesetzt?
✔ Jagen aggressive Fische andere, ohne daß diese sich zurückziehen können?

Trifft einer dieser Sachverhalte zu, beheben Sie den Fehler so schnell wie möglich. Wahrscheinlich fühlen sich Ihre Fische bald wieder wohl.

Infektionskrankheiten

Verhalten sich die Fische weiterhin nicht normal, sollten Sie sie näher unter die Lupe nehmen, um Anzeichen einer Infektion festzustellen. Die häufigsten Infektionskrankheiten sind:
Goldstaub-Oodinium-Krankheit (*Piscinoodinium*): Eine bei Weichwasser-Kleinstfischen besonders häufig auftretende Krankheit, die Sie an vielen winzigen (bis 0,3 mm großen) weißen bis gelblichen Pünktchen erkennen, die sich wie Staub auf Flossen und Körper der Fische verteilen. Die Behandlung ist einfach: Geben Sie zwei bis vier Teelöffel jodfreies (!) Salz pro 10 Liter Wasser ins Aquarium. Wenn die Pünktchen verschwinden, sollten Sie das Salz durch häufigen Teilwasserwechsel wieder entfernen, auch damit die Pflanzen nicht leiden.
Weißpünktchenkrankheit (*Ichthyophthirius*): Die Fische sind mit weißen (bis 1,5 mm großen) Punkten behaftet, scheuern sich häufig und atmen bei starkem Befall schneller. Behandeln Sie sie sofort mit malachitgrünoxalathaltigen Medikamenten (im Zoofachhandel erhältlich). Um die Krankheit aus dem Aquarium zu verbannen, sollten Sie zehn Tage lang behandeln, indem Sie jeden zweiten Tag die halbe Anfangsdosis ins Wasser geben.
Fischtuberkulose: Der Fisch treibt auf, die Augen treten hervor, oft befinden sich unter der Haut rot durchscheinende, manchmal vor allem in der Kopfregion aufbrechende »Geschwüre« (Blutungen). Erkrankte Fische aus dem Becken entfer-

Der Schwarze Phantomsalmler besticht durch seine prächtigen Flossen.

nen, da sie nicht erfolgreich behandelt werden können. Nur im Anfangsstadium helfen manchmal furazolidonhaltige Medikamente. Lassen Sie sich vom Zoofachhändler beraten.

Hinweis: Falls Ihre Fische an einer anderen Krankheit leiden, hilft Ihnen der Tierarzt oder spezielle Fachliteratur weiter. Behandeln Sie die Fische nicht einfach mit irgendwelchen Breitbandmedikamenten. Sie züchten sich damit nur Resistenzen oder vergiften Ihre Zöglinge.

Vergiftungen

Vergiftungen durch Pflegefehler, falsche oder überdosierte Medikamente, selten auch durch belastetes Leitungswasser, kommen häufiger vor als infektiöse Krankheiten. Folgende Symptome sind Anzeichen einer Vergiftung:

✔ Atemprobleme (»Hängen« unter der Wasseroberfläche)
✔ extreme Schreckhaftigkeit
✔ »Umherschießen« der Fische im Becken
✔ auffällig intensive Farben
✔ Taumelbewegungen
✔ Apathie

Als Sofortmaßnahme sollten Sie vorsichtig 90 % des Aquarienwassers durch neues Wasser austauschen, das den Bedürfnissen der Fische angepaßt ist. Zuvor mischen Sie dem Leitungswasser ein Wasseraufbereitungsmittel bei (Zoofachhandel) und filtern Sie das Wasser über Aktivkohle (Zoofachhandel). Gehen die Symptome zurück, Aktivkohlefilterung nach zwei Wochen beenden und spätestens dann einen Teilwasserwechsel vornehmen.

Hinweis: Leitungswasser-Vergiftungen können durch Kupferrohre oder durch zu hohen Chlorgehalt (Schwimmbadgeruch) verursacht werden. Wasser aus Kupferrohrleitungen nicht als Aquarienwasser verwenden. Chlor durch starke Belüftung des Wassers im Eimer entfernen oder, indem Sie es zwei Tage stehen lassen.

VERSORGUNG IM URLAUB

✔ *Falls Sie nur eine Woche wegfahren, brauchen Sie ausgewachsene Fische, die sich in einem guten Zustand befinden, während dieser Zeit nicht zu füttern. Zwergfische unter 3 cm Länge oder Jungfische vertragen diese Hungerperiode jedoch schlecht. Sie sollten diese deshalb mit einer größeren Menge lebender Wasserflöhe versorgen.*

✔ *Bei längerer Abwesenheit empfiehlt sich ein Futterautomat (Zoofachhandel), der Trockenfutter in von Ihnen bestimmten Intervallen ins Aquarium gibt. Dosieren Sie das Futter eher sparsam und füttern Sie etwas seltener als sonst. So kann übriggebliebenes Futter das Wasser nicht belasten.*

✔ *Wenn Ihre Fische Lebendfutter brauchen, benötigen Sie eine zuverlässige Person, die die Fische während Ihrer Abwesenheit nach Ihren Wünschen versorgt.*

✔ *Füttern Sie kein sogenanntes Urlaubsdepotfutter, weil es das Wasser belasten könnte.*

✔ *Reinigen Sie den Filter sorgfältig zwei Tage vor Ihrer Abreise und nehmen Sie vorsichtig einen 50%igen Wasserwechsel vor.*

VERHALTENSWEISEN UND ZUCHT

Auch in kleinen Aquarien können Sie das interessante Verhalten vieler Fische beobachten, wenn die Einrichtung des Beckens und die Zusammensetzung der Fische stimmt. Bei manchen Arten ist sogar die Beobachtung des Fortpflanzungsverhaltens möglich.

Schwarmverhalten

Viele Aquarienfische, die gerne in Gruppen leben, bilden unter bestimmten Bedingungen einen Schwarm, bei dem alle Tiere sich eng zusammenschließen und sich meistens in die gleiche Richtung bewegen. Schwarmverhalten nützt den Tieren in der Natur, weil Raubfische sich in dem Wirrwarr des Schwarms schwer auf ein Einzeltier konzentrieren können. Im Aquarium beobachtet man die Schwarmbildung besonders dann, wenn man die Fische neu einsetzt und sie sich noch nicht in ihrer neuen Umgebung auskennen. Im Schwarm fühlen sich die Tiere dann sicherer. Ist die »Gefahr« vorüber, zerfällt der Schwarm in eine lockere Gruppe, die sich im Notfall wieder zum Schwarm formiert. Es gibt jedoch wenig Aquarienfisch-Arten, die ihr ganzes Leben in einem echten Schwarm verbringen, die meisten sind sogenannte Gruppenfische. Sie werden oft trotzdem fälschlicherweise als Schwarmfische bezeichnet, weil sie sich durch ihr geselliges Verhalten von Einzel-oder Revierfischen unterscheiden.

Keilfleckbärblinge schließen sich bei Gefahr zu einem dichten Schwarm zusammen.

Revierverhalten

Revierfische verteidigen einen bestimmten Bereich im Aquarium gegen Artgenossen oder auch gegen andere Arten. Man unterscheidet Balz-, Nahrungs- und Brutreviere.

Balzreviere werden vor allem von den Männchen nicht-brutpflegender Arten (viele Barben, Salmler und Regenbogenfische) über Tage und Wochen hinweg verteidigt. Kommt ein Weibchen zum Beispiel in der Nähe einer größeren Pflanze oder Wurzel vorbei, balzen sie es an. Ein anderes Männchen wird vertrieben.

Nahrungsreviere dienen dazu, einzelnen Tieren eine Nahrungsquelle zu sichern, die sich an einem bestimmten Platz befindet. Flossensauger beispielsweise verteidigen die Oberfläche von großen Kieselsteinen, auf denen Nahrungstiere Zuflucht zwischen Algen finden.

Brutreviere werden von den brutpflegenden Buntbarschen, Labyrinthfischen und Grundeln verteidigt, um ihre Eier und Larven vor Räubern zu schützen. Sie können dabei sehr aggressiv werden. Deshalb darf man in einem 60-Liter-Becken auch nur besonders kleine, wenig aggressive Revierfische mit geringen Platzansprüchen vergesellschaften und ihnen nicht einsehbare Rückzugsmöglichkeiten bieten.

Imponier- und Kampfverhalten

Kräftemessen gehört zum täglichen Geschäft fast aller Fische. Man spricht entweder von Imponierverhalten (auch Kommentkampf) oder von Kampfverhalten (auch Beschädigungskampf), wobei der Übergang zwischen beiden Verhaltensweisen oft fließend ist.

Beim Imponieren vergleichen die Fische ihre Kraft und Vitalität, indem sie voreinander die Flossen spreizen, das Maul weit aufreißen oder ihre Kiemenhäute aufspannen. Dadurch wirken sie größer und zeigen ihre ganze Farbenpracht. Nicht nur konkurrierende Gegner imponieren voreinander, sondern auch balzende Partner. Dabei finden sie wahrscheinlich heraus, ob der Wunschpartner stark und groß genug ist, um für gute Nachkommenschaft zu sorgen.

Beim Kampfverhalten messen die Tiere ihre Kräfte, indem sie sich gegenseitig verletzen wollen. Zwergbuntbarschmännchen verbeißen sich oft regelrecht ineinander, bevor eines aufgibt und mit zusammengelegten Flossen seine Niederlage zugibt.

Andere Arten führen gezielte Rammstöße in die Flanke des Gegners aus und versuchen auf diese Art zu gewinnen.

Zu Beschädigungskämpfen kann es im Aquarium auch kommen, wenn zwei Paarpartner sich

Der Rosensalmler ist ein Gruppenfisch.
Manchmal bilden die Männchen Balzreviere.

streiten. Besonders in zu kleinen Aquarien führt dies zu Problemen. Wenn der Unterlegene nicht aus der Sichtweite des Siegers fliehen kann, kommt es oft zum Tod des Verlierers.

Hinweis: Kämpfende Fische sollten Sie gut beobachten und gegebenenfalls den Verlierer in ein anderes Becken setzen.

Brutpflegeverhalten

Die intensive Brutpflege mancher Arten gehört
zum interessantesten Verhalten, das Sie auch in
einem kleinen Aquarium beobachten können.
Nach der Balz, die mehrere Tage dauern kann,
bilden sich Paare und die Tiere laichen an einer
vorbereiteten Stelle ab. Buntbarsche benutzen
dazu eine Höhle, eine Wurzel oder ein Pflanzenblatt, Labyrinthfische bauen ein Schaumnest. Ein ganz besonderes Kunststück vollbringen die Spritzsalmler, die ihre Eier über der
Wasseroberfläche auf einem Blatt ablegen (→
Fotos, Seite 55).
Solange die Jungfische sich in den Eiern entwickeln, verteidigt der zuständige Elternteil das
Brutrevier. Bei vielen Arten (Grundeln, Spritz-
salmlern) endet die Brutpflege nach dem
Schlüpfen der Larven. Zwergbuntbarsche und
Labyrinthfische pflegen auch nach dem Schlüpfen die noch schwimmunfähigen Larven, die
erst nach einigen Tagen frei umherschwimmen
können.
Mit dem Aktionsradius der Brut vergrößert sich
auch das Revier. Die Jungfische suchen oft im
ganzen Aquarium nach Futter und müssen von
den Eltern überall verteidigt werden. Dies ist
der Zeitpunkt, an dem Sie sie herausfangen
sollten. Sie würden sonst gefressen werden,
oder die anderen Arten würden unter den
aggressiven Eltern leiden.
Eine besondere Form der Brutpflege ist das
Lebendgebären. Die Männchen befruchten die
Eier der Weibchen noch im Mutterleib mit
ihrem penisartigen Begattungsorgan (Gonopo-
dium). Dort entwickeln sich die Eier und Larven
und werden nach einigen Wochen als Miniatur-
ausgaben der Eltern geboren.

*Langgetrecktes Strömungsbecken für Flos-
sensauger und Zebrabärblinge.*

TIP

Beckenform nach Bedarf

Neben dem Standardmaß von 60 x 30 x
33 cm (Becken 1) können Sie auch relativ
preisgünstige Becken in Sondermaßen
anfertigen lassen. Damit können Sie besser auf die speziellen Ansprüche mancher
Fischarten eingehen, ohne die Literzahl
und das Gewicht des Beckens zu erhöhen.
Becken 3 zeigt ein »Strömungs- oder
Rennbecken« (100 x 25 x 25 cm) für strö-
mungsliebende Bodenfische oder flinke
Schwarmfische (→ Foto, linke Seite).
Revierbildende Fische bevorzugen eine
erhöhte Grundfläche, dafür kann das
Becken dann etwas niedriger sein (Becken
2: 60 x 40 x 25 cm).

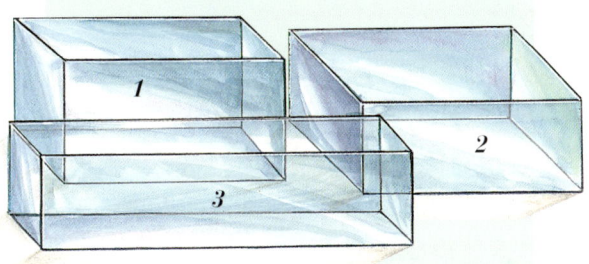

Damit endet dann allerdings die Brutpflege
der Weibchen. Wenn das Becken nicht dicht
genug bepflanzt ist, finden die Jungfische
keine Verstecke und werden von den anderen
Arten gefressen.
Auch Süßwassernadeln sind lebendgebärend.
Sie legen zwar Eier, diese werden jedoch in
einer speziellen Bruttasche der Männchen ver-
staut und dort über mehrere Wochen erbrütet.

DOLMETSCHER

Wenn Sie das Verhalten Ihrer Aquarienfische verstehen möchten, müssen Sie die Verhaltensweisen richtig deuten können.

 Dieses Verhalten zeigen meine Aquarienfische.

 Was bedeutet dieses Verhalten?

 So reagiere ich richtig auf ihr Verhalten!

Gestreifte Schneckenbuntbarsche haben sich in ihrem Schneckenhaus versteckt.

Sie haben Angst vor einem Feind.

Warten Sie einige Minuten, die Fische kommen von selbst wieder aus ihrem Versteck.

Brevis-Schneckenbuntbarsche drohen sich frontal an.

Sie tragen Streitigkeiten aus.

Schneckenhäuser weit auseinanderlegen oder einen Fisch entfernen.

Kampffisch-Männchen beim Imponieren.

Sie testen, ob sie zum ernsten Kampf übergehen sollen.

Falls es dazu kommt, ein Männchen entfernen.

Ein Spritzsalmler-Männchen
teht unter einem Landpflanzen-
latt.

Es wartet auf ein laichbereites
Weibchen.

Schauen Sie einfach nur zu.

Das Paar bringt sich in Positur.

Gleich wird es ein Kunststück
vollbringen und außerhalb des
Wassers ablaichen.

Es springt unter das Blatt und
klebt kurz fest.

So legt es seine Eier ab, die
später vom Männchen mit dem
Schwanz naßgespritzt werden, damit sie nicht austrocknen.

Zebrabärblinge
schmiegen sich an-
einander.

Wahrscheinlich
laichen die Tiere ab.

Das Ablaichen
kann dauern. Stö-
ren Sie die Fische
nicht dabei.

Knurrender Zwerggurami
(Männchen) bewacht seine
geschlüpften Larven.

Die Brutpflege wird bald
zu Ende sein. Frei-
schwimmende Larven wer-
den nicht mehr gepflegt.

Entfernen Sie das Männ-
chen und die anderen Fische
und sorgen Sie für feines
Aufzuchtfutter.

Zwergfaden-
fisch-Männchen
beißt ein anderes.

Es handelt sich
um einen Beschädi-
gungskampf.

Entfernen Sie
ein Männchen. In
ein 60-Liter-Becken
gehören keine zwei
Männchen.

Sozialverhalten

Bindungen zwischen Paarpartnern, aber auch
zwischen nicht verpaarten Artgenossen führen
bei einigen Arten zu einem ausgeprägten Sozi-
alverhalten. Es gibt monogame Arten, die zu-
mindest zeitweise in Einehe leben, aber auch
polygame, bei denen ein Männchen mit mehreren Weibchen zusammenlebt.
Der wohl spektäkulärste Fall für ein komplexes
Sozialsystem bei Fischen ist der polygame
Schneckenbuntbarsch, *Lamprologus multifas-
ciatus*, der im afrikanischen Tanganjikasee zuhause ist. Mehrere Großfamilien in dieser Art
siedeln auf dem Grund dieses Sees in Ansamm-
lungen von leeren Schneckenhäusern. Wie bei
allen Schneckenbuntbarschen dienen die

*Der Gestreifte Schneckenbuntbarsch lebt in
Kolonien in Großfamilien zusammen.*

Schneckenhäuser dem Schutz vor Feinden auf
der offenen Sandfläche, aber auch als Brut-
höhle (→ Foto, Seite 54).
Schon in einem kleinen Aquarium können Sie
bei geschickter Einrichtung das komplexe Zu-
sammenleben vieler Individuen dieser Art beobachten. In der Natur besiedeln solche Großfamilien eine Fläche, die etwa der eines Stan-
dard-60-Liter-Beckens entspricht. Bestücken
Sie das Becken ausschließlich mit einer etwa
5 cm dicken Sandschicht und etwa 20 Wein-
bergschneckenhäusern. Nachdem Sie ein Paar

oder ein Männchen mit mehreren Weibchen eingesetzt haben, werden sich die Fische bald vermehren, wobei sich hauptsächlich das Weibchen um die Brutpflege kümmert.
Füttern Sie die Brut ausreichend mit Artemia-Nauplien (→ Praxis Ernährung, Seiten 46/47). Auch die Eltern sind dankbar für dieses Lebendfutter, weil sie in der Natur vor allem Kleinkrebse fressen.
Das größte Männchen bleibt zwar der Haremsinhaber, aber die kleinen schleichen sich bei der Fortpflanzung mit ein und befruchten manchmal ein Ei. Der Haremsinhaber vertreibt die kleineren Männchen nicht, wahrscheinlich weil sie sich bei der Aufzucht der zweiten Generation nützlich machen und nicht abwandern

Das Pastellgrundel-Männchen kümmert sich alleine um die Eier.

können, da sie in der Nachbargruppe nicht akzeptiert werden.
Bei der Beobachtung einer Schneckenbuntbarschkolonie ist immer etwas los: Ein Weibchen balzt, das andere vertreibt eine Nachbarin aus seinem Kleinrevier, ein dritter Fisch gräbt intensiv im Sand, zwei Männchen imponieren voreinander ...
Hinweis: Wenn das Becken mit Nachwuchs überbevölkert ist, müssen Sie viele Tiere herausfangen, sonst wird es zu eng und die Fische stellen die Fortpflanzung ein.

Wichtige Tips zur Zucht

Die erfolgreiche Fortpflanzung der Fische im Aquarium gelingt manchmal nur schwer, weshalb man meist eigene Zuchtaquarien einrichtet. Das ist die sicherste Möglichkeit, alle Störenfriede von den potentiellen Eltern und ihrer Brut fernzuhalten oder spezielle Wasserbedingungen nachzuahmen, die die Fische brauchen, um in Fortpflanzungsstimmung zu kommen. In schwach besetzten Aquarien ist es aber dennoch möglich, einige Jungfische aufzuziehen, vor allem von brutpflegenden und lebendgebärenden Arten. Sogar bei nicht-brutpflegenden Arten kann dies gelingen, wenn Sie folgende Hinweise berücksichtigen:

Schleierkampffische bauen ein Schaumnest, in das sie ihre Eier ablegen.

✔ Schaffen Sie genügend Verstecke (dichten Pflanzenwuchs, Lücken in Steinaufbauten).
✔ Wenige Jungfische finden in dicht bepflanzten Becken für die ersten Tage genug Nahrung. Wünschen Sie eine große Nachzucht, benötigen Sie zusätzliches Jungfischfutter.
Die Larven der meisten in diesem Buch genannten Fische sind zu klein, um von Anfang an Artemia-Nauplien zu fressen. Diese schwierigen ersten Tage können Sie oft durch die Gabe von feinstem Jungfisch-Trockenfutter oder Pantoffeltierchen überbrücken (→ rechte Seite).

✔ Größere Larven, zum Beispiel die von Welsen, Killifischen und Buntbarschen, stürzen sich mit Begeisterung auf Artemia-Nauplien (→ Praxis Ernährung, Seiten 46/47), die eine besonders wertvolle Jungfischnahrung darstellen.

✔ Passen Sie bei der Einrichtung des Beckens auf, daß keine Schnecken mit hineingelangen. Sie fressen die Eier nicht-brutpflegender Arten.

✔ Füllen Sie nur eine dünne Schicht Bodengrund ins Becken, die Sie leicht reinigen oder austauschen können. Durch die Fütterung der Jungfische fallen viele Futterreste an.

✔ Für eine gezieltere Aufzucht beschaffen Sie sich am besten ein zweites Becken, in dem Sie die Brut großziehen. In einem solchen Aufzuchtbecken (mindestens 30 Liter) ist die Überlebenschance besonders für kleine und empfindliche Jungfische größer.

Pantoffeltierchen züchten

✔ Füllen Sie 1-Liter-Einmachgläser mit abgestandenem Wasser, geben Sie einige Tropfen Kondensmilch dazu und »impfen« Sie das Wasser mit Wasser aus einem sauerstoffarmen Tümpel oder aus einem Zuchtansatz. Bald können Sie Pantoffeltierchen als milchige Schicht unter der Wasseroberfläche erkennen. Von nun an ab und zu tropfenweise mit Kondensmilch füttern (lieber zu wenig als zu viel).

✔ Zum Verfüttern der Tierchen füllen Sie eine leere Flasche bis zum unteren Beginn des Flaschenhalses mit Flüssigkeit aus einem Einmachglas, legen darauf einen lockeren Wattebausch und füllen die Flasche dann bis oben mit frischem Wasser. Die Tierchen wandern ins obere Wasser, können dort mit einer Futterspritze abgesaugt und ins Aquarium gegeben werden.

✔ Die Kulturflüssigkeit wieder zurück ins Glas schütten und am nächsten Tag wieder verwenden. Läßt die Kultur nach, einfach mit etwas alter Kulturflüssigkeit eine neue ansetzen.

Checkliste
Jungfischaufzucht

1 30-Liter-Becken mit Regelheizer und luftbetriebenem Schaumstofffilter vorbereiten. Mit Wasser aus dem Haltungsbecken füllen.

2 Brut bzw. Eier vorsichtig ins Aufzuchtbecken überführen.

3 Mit Artemia bzw. Pantoffeltierchen mehrmals täglich füttern, sobald Larven freischwimmen.

4 Täglich mit einem Luftschlauch den Schmutz vom Boden absaugen und das abgesaugte Schmutzwasser durch vorbereitetes Wasser gleicher Qualität ersetzen (mindestens 1/5 des Beckeninhalts).

5 Kümmern Sie sich rechtzeitig um Abnehmer der überzähligen Nachzuchten.

6 Hinweis: Wer sich näher mit der Aquarienfischzucht beschäftigen möchte, muß spezielle Fachliteratur zu Rate ziehen.

Die halbfett gesetzten Seitenzahlen verweisen
auf Farbfotos und Zeichnungen.

Brevis-
Schnecken-
buntbarsch
(Lamprologus
brevis)

Adressen, die weiterhelfen

- Verband Deutscher Vereine für Aquarien- und Terrarienkunde e.V. (VDA), Geschäftsstelle: Hans und Ingrid Stiller, Luxemburger Str. 16, 44789 Bochum

Hinweis: Der VDA gibt Auskunft über aktuelle Adressen und Aquarien-verbände in Ihrem Wohnbereich, hilft weiter bei Vermittlung von Kontakten (z. B. Hilfe bei Fischkrankheiten, Beschaffung von selte-nen Fischen).

- Arbeitskreis Barben, Salmler, Schmerlen, Welse. Hans Jürgen Günther, Rotenburg-str. 4, 12163 Berlin
- Bundesverband für fachgerechten Natur- und Artenschutz e. V. (BNA), Postfach 11 10, 76707 Hambrücken

Hinweis: Dachverband der Vereine und Ver-bände der privaten Tier-halter. Vertritt deren In-teressen v. a. bei Belan-gen der Artenschutzge-setzgebung.

- Österreichischer Ver-band für Vivaristik und Ökologie, Landesver-band Nieder-Österreich, Richard Pfister, Langenlebarnerstr. 50, A- 3430 Tulln
- Institut für Zoologie, Fischereibiologie und Fischkrankheiten der Tierärztlichen Fakultät LMU München, Kaulbach-str. 37, 80539 München

- Sachversicherung Deutscher Ring, Kunden-service, 20449 Hamburg
- Z.O.F. GmbH, Bahn-hofstr. 65, 31008 Elze

Fragen zur Aquari-stik beantworten

Ihr Zoofachhändler und der Zentralverband Zoologischer Fachbe-triebe Deutschlands e.V., 63225 Langen, Tel. 06103/910732 (nur telefonische Aus-kunft möglich)

Bücher, die weiterhelfen

- Kokoscha, M.: Laby-rinthfische. Eugen Ul-mer Verlag, Stuttgart.
- Pinter, H.: Handbuch der Aquarienfischzucht. Eugen Ulmer Verlag, Stuttgart.
- Scheuermann, I.: Pflanzen fürs Aquarium. Gräfe und Unzer Verlag, München.
- Schliewen, U.: Aquari-enfische. Gräfe und Un-zer Verlag, München.
- Schmida, G.: Regen-bogenfische. Gräfe und Unzer Verlag, München.
- Steinle, C.: Barben und Bärblinge. Eugen Ulmer Verlag, Stuttgart.
- Zurlo, G.: Tanganjika-Buntbarsche. Gräfe und Unzer Verlag, München.

Zeitschriften

- *Aquarium heute.* Aquadocumenta Verlag GmbH, Bielefeld
- *Das Aquarium.* Birgit Schmettkamp Verlag, Bornheim

• *Das Tier.*
Egmont Ehapa Verlag,
Leinfelden-Echterdingen
• *DATZ.*
Aquarien- und Terrari-
en-Zeitschrift. Eugen
Ulmer Verlag, Stuttgart
• *TI Magazin*
Tetra Verlag, Münster

Der Autor

Ulrich Schliewen, begei-
sterter Aquarianer seit
seiner Kindheit. Studi-
um Biologie mit Schwer-
punkt Zoologie, Univer-
sität München. Ichthyo-
logische Studienreisen
nach Südamerika, West-
und Zentralafrika und
Südostasien, um Fische
in ihrem natürlichen Le-
bensraum kennenzuler-
nen. Fachbeiträge in
Aquarienzeitschriften
und wissenschaftlichen
Zeitschriften.

Die Fotografen

blickwinkel/Schmidt:
Seite 55 mi.li.; blick-
winkel/Zurlo: Seite 2/3,
23 li.u.; Bork: Seite U2,
17 li. u., re.o., 26 li.o.,
re.o., re.mi., 36, 54 o.;

Dadaniak, Lütje: Seite
19, 61; Evers: Seite 23
re.mi.; Gartner: Seite 27
re.u.; Hartl: Seite 23
re.o., re.u., 27 re.mi., 33;
Kahl: Seite U1 (großes
und kleines Foto), 11,
15, 16 li.o., re.o., re.u.,
17 li.o., li.mi. re.u., 22
re.u., 26 re.u., 27 li.u.,
32, 37, 38, 42, 43, 48,
51, 54 mi., 55 mi.re., 56,
57; Linke: Seite 54 u.,
55 u., 58; Lucas: Seite
4/5, 22 re.o., 45; Nieu-
wenhuizen: Seite 6/7, 8,
9, 10, 12, 20, 22 li.u, 23
li.o., 24, 27 li.o., 52 o.,
u., 55 o.li., o.mi., o.re.,
59, 64/U3, U4; Peither:
Seite 50; Schraml: Seite
16 li.u., 27 re.o.; Wer-
ner: Seite 14, 22 li.o.,
26 li.u., 28.

Der Zeichner

Johann Brandstetter ist
ausgebildeter Restaura-
tor und Maler. Er wech-
selte durch Forschungs-
reisen mit Biologen in
Zentralafrika und Asien
zum Pflanzen- und
Tierzeichner. Seit vielen
Jahren zeichnet er für

namhafte Naturbuch-
verlage in Deutschland.

Fotos: Buchum-
schlag und Innenteil

Umschlagvorderseite:
Schmucksalmler, *Hy-
phessobrycon rosaceus*
(großes Foto), Zebra-
kärpfling, *Danio rerio*
(kleines Foto); Um-

schlagrückseite: Panda-
Panzerwels, *Corydoras
panda;* Seite 1: *Poecilia
reticulata* (Guppy-
Zuchtform); Seite 2/3:
Goldringelgrundel
(*Brachygobius doriae*);
Seite 4/5: Gestreifter
Prachtkärpfling (*Aphyo-
semion striatum*); Sei-
te 6/7: Querbandhecht-
ling (*Epiplatys dageti*);
Seite 64/ 65: Schach-
brettzwergpanzerwels
(*Corydoras habrosus*)

Impressum

© 1999 Gräfe und Un-
zer Verlag GmbH, Mün-
chen. Alle Rechte vorbe-
halten. Nachdruck, auch
auszugsweise, sowie
Verbreitung durch Bild,
Funk und Fernsehen,
durch fotomechanische
Wiedergabe, Tonträger
und Datenverarbei-
tungssysteme jeder Art
nur mit schriftlicher Ge-
nehmigung des Verlages.

Redaktion: Sabine Schulz
Lektorat:
Mirjam Baumann
Umschlaggestaltung und
Layout: Kraxenberger
Zeichnungen:
Johann Brandstetter
Herstellung: Verena
Römer/Heide Blut
Satz: Heide Blut
Reproduktion:
Fotolito Longo
Druck und Bindung:
Stürtz

ISBN   3-7742-3716-6
Auflage   4. 3.   2. 1.
Jahr   02 01 2000 99

1 Kann man alle im Handel angebotenen Fischarten in kleinen Aquarien halten?

Nein, viele Arten werden zu groß und fühlen sich in kleinen Aquarien unwohl.

2 Sind kleine Aquarien genauso schön und interessant wie große?

Ja, durch die große Auswahl kleinbleibender Fische und Aquarienpflanzen kann ein kleines Aquarium ähnlich gestaltet werden wie ein großes.

3 Lassen sich alle Fischarten mit Trockenfutter artgerecht ernähren?

Nein, viele Arten benötigen zusätzlich gefrostetes Futter oder Lebendfutter, das Sie im Fachhandel erhalten. Lebendfutter können Sie auch selbst züchten.

4 Kann man alle Fische in Leitungswasser halten?

Nein, manche Fische haben besondere Ansprüche. Die richtigen Wasserwerte variieren von Art zu Art.

5 Kann man das Aquarium und die Fische zum gleichen Zeitpunkt kaufen?

Nein, jedes Aquarium braucht eine sogenannte Einfahrphase von mindestens zwei Wochen, in denen sich ein fischfreundliches Milieu entwickeln kann. Erst dann können Sie die Fische einsetzen.

Der Experte gibt Antwort auf die 10 häufigsten Fragen zur Aquarienfisch-Haltung.